愛自己 和誰結婚 都一樣

Liebe dich selbst und es ist egal, wen du heiratest

德國最知名諮商心理師
愛娃－瑪麗亞・楚爾霍斯特 Eva-Maria Zurhorst ———著
許潔 ———譯

媒體評論與讀者感想

德國最成功的關係諮商。

——德國名主播 Reinhold Beckmann

沒有一本兩性關係書籍能像《愛自己，和誰結婚都一樣》這麼成功。

——畫報

大多數的童話結束在婚禮那一天。愛娃的書從婚姻的第一天開始說起。

——女性雜誌 *Bella*

真誠得令人生氣！時不時會想把這本書摔到牆上去，因為它說的都是事實，直接命中核心。——*Doppelpfeil*

書裡給的答案有時候會讓你不舒服，但卻很有效，幫你把危機變轉機，讓這段艱困時期成為關係成長的絕佳機會。

——Seelen-Partner.de

走出婚姻危機的實證，給你勇氣與信心。

——雷姆沙德通報

不只談婚姻，還探討一個問題：我是誰？我想要什麼？很棒的諮商書。貼近生活，對人生的重大抉擇很有幫助。

——Thalia 書店店員

我們的嚴重危機在兩天內就獲得改善。他們精確且迅速地找出我們關係裡的痛點，真是不可思議。

——諮詢者留言

很好的一本書，起初是看到題目，眼前一亮，讀後，心中開闊了很多。作者以淺顯易懂的文字告訴我們很多哲理，像另一個真實的自己在和自己說話，真正達到了與讀者心靈的溝通和激勵。希望您看到這本書，一定不要錯過！

——讀者 daydayup

買了好幾本了，因為，真的是非常非常好的一本書！如果，人人結婚以前，或者結婚以後，任何合適的時機，都能夠看看這本書，那麼，每個人的婚姻都會有大大的不同！幸福，不是對方給予的～我們，把眼光的方向，投錯啦！好好看看自己，接受自己，熱愛自己，其他的，全都隨之而來！

——讀者 Baipao

很好的一本關於婚姻的心靈成長書。作者是身心靈方面、心理治療方面有較強功力的人。前幾天推薦給一位友人看，過兩天看見她滿臉輕鬆，很是喜悅，以往的沉重、焦慮已無影無蹤。她說照書上做的，自己有了改變。強烈推薦！

——讀者 huarui2016

讀過這本書的人會認知到，一直換伴侶也許不能讓我們成長多少，還會一再犯下同樣的錯誤。只有跟伴侶一起面對煎熬過，我們才會一起成長。

——讀者 zen Tao

我讀過最好的心理勵志書！簡單、易讀，我學到了很多明智的看法。我要把這本書推薦給所有已準備好檢視自己，願意從錯誤中學習的人。推薦給想要自我成長的人，想要更加瞭解與改善關係的人。

——讀者 Inna

給了我很多思考衝擊，讓我反覆咀嚼。作者寫得很簡單，容易理解，感覺就像有個好姊妹坐在前面給建議。我讀得很愉快。

——讀者 fabs89

別再抱怨了，幫幫你自己！關係諮商類型書中最好的一本！書裡說的都對，而且做得到。重點是：對自己下功夫。我已經把書讀過兩遍，還推薦給許多好姊妹閱讀。

——匿名讀者

看過那麼多婚戀方面的書，感覺講得最深刻、最有用的一本。因為它不僅講了原理，還講了個人內心深入的動因和一些更加深層次的東西，比如對自己的愛和接納，人生的意義和價值，以及選擇。

——匿名讀者

以前總不喜歡外國人的書，讀了這本書以後，覺得很親切，就感覺是隔壁家的鄰居寫的一樣，我鼓掌喜歡，能幫助我解決很多婚姻問題，強烈建議大家購買。

——匿名讀者

推薦序

擁有好愛情，從瞭解自己開始

瑪那熊

曾經在一場愛情工作坊中，我詢問在場已經交往或結婚的成員「什麼原因喜歡上對方？為何決定在一起？」時，絕大部分的人回答我「就是一種感覺」、「有fu啊！」也有些人回覆「因為覺得對方很好」。當我進一步追問「對方怎麼樣很好？」這些可愛成員很認真地思考，但仍難以說明清楚。

不論是以心理師身分進行伴侶諮商，或以愛情顧問角色帶領講座、課程，類似的情況很常出現。似乎有些驚人，但也沒那麼意外的是，不管單身與否，我們通常不知道自己想要怎樣的另一半，更遑論希望對方擁有某些特質的原因。或者說，我們以為對方的特質吸引我們，但實際上，卻是因為某些東西的運作，讓你「被這些特質吸引」。若我們不去釐清影響我們找尋伴侶的原因，很容易不斷陷入相似的負向循環中，一個換一個卻總遇到爛桃花，最後感嘆時不我予、全天下沒有好男人／好女人。

這本書就是要幫助我們跳脫這個漩渦。「怎麼可能和誰結婚都一樣呢？」或許你和我一樣，看到書名時有此疑問。心理師是由好奇心構成的動物，於是，我開始仔細閱讀愛娃用自己生命經驗與體悟而砌成的文字。透過作者的細膩描述，我的疑惑逐漸被掃除，並敬佩她獨特的切入觀點。從娓娓道來的自身故事，到分享真實個案例子，加上淺白自然的筆觸，書中有關心理諮商的理論淺顯易讀。也因為心理專業背景作為本書基礎，讓「愛自己」不再是空泛、激勵式的喊話，而有清楚具體的指標。

「和誰結婚都一樣」指的是，若未能整理好自己，那不管換多少為伴侶，終究會遇到一樣的問題。過往的童年時光、愛情經驗，在心底深處灑下許多隱微的種子，逐漸讓潛藏於水面下的冰山成長茁壯。我們先是帶著修補遺憾或逃脫壓力的潛意識選擇伴侶，進入關係後又有著過多的想像，期待自己的一切被愛情拯救，對方能讓我們的人生圓滿完美。然而，隨著與另一個人日漸親密、逐漸靠近後，心裡那些種子或傷口往往再度被誘發，當幻想受到衝擊後，爭吵與摩擦開始出現。

我們以為衝突全由另一半引起（都是因為你……，讓我……），越相處越看到對方的缺點。其實，在關係拉近過程中，我們逐漸看到的是自己的不完美。愛情是塊巧克力蛋糕，若我們認為灑滿糖霜、色彩繽紛的外衣是其全貌，那在咬下一口品嚐可可內餡的苦味時，會被嚇得不知所措。於是許多人在此時會選擇逃開：相敬如「冰」、外遇劈腿、分手或離婚，並抱著下一個會更好的想像，進入其他關係。於是，循環再度開始，離開了爛桃花，並不代表就能遇到好桃花。

在決定留下來或離開前，更重要的是先瞭解自己。愛情不是浪漫童話，而是一個讓我們有機會與過去重修舊好的契機。可可內餡的苦讓人皺眉，卻也能引出濃醇甜美。生活中的挫折使我們成長，愛情中的苦痛紛爭亦然：當伴侶的言行讓我們不舒服時，若一味批評、要求對方改變，或一股腦地只想換個人，很可能也錯失了更認識自己、修補傷口的機會。

「愛情是面照妖鏡」作者愛娃如是說。隨著感情加溫、互動增加，會將我們沉在水底的冰山顯露出來，勾起那些因過往經驗而產生的想像、期待與需求。然而，愛情也是最好的療癒棧，讓我們與另一半都能更看見自己，並且共同疏通關係中堵塞的淤泥。當愛情或婚姻遇到挫折不順遂時，首先提醒自己別陷入「找戰犯」的衝突遊戲中，因為關係責任是由兩人共同分攤。不急著逃避放棄或找下一位，而是透過反思、閱讀、諮商去瞭解自己「怎麼了」，梳理對方與過去所造成的影響，讓冰山底層的樣貌逐漸清晰。你仍然可以選擇留下來或離開，但此時的決定已經有著不同的意義及價值。這本書將陪伴你一起走過這些歷程，用直接但溫柔的口吻，當頭棒喝地撥開你生命中的徬徨迷霧，並幫你擁有更好的愛情；更重要的，讓你知道如何真正「愛自己」。

（本文作者為諮商心理師、GQ百萬部落客，現為春天婚戀平台專任講師）

推薦序

真的回不去了嗎？

律師娘（林靜如）

自從跟著老公踏上法律這行，再經由協助辦案的過程中聽到了許多當事人的故事，每每遇上跟婚姻、親子相關的案件，我總是特別能夠感同身受。看著原本恩愛的夫妻反目成仇，在法庭上怒目相視，感受著曾經同床共枕的夫妻彼此的算計，少一分都不行，聽著曾舉辦豪華婚宴的夫妻，細數對彼此的不滿，看都不想看對方一眼，我有時候還是會鄉愿地浮起這樣的念頭：真的回不去了嗎？

相愛也能變質為相怨嗎？若是如此，相怨有沒有可能逆轉為相愛？或者就只是單向的不可逆化學效應。

明明都看過上千對簽字離婚的夫妻了，我卻還是對婚姻充滿了期盼與信心，即使自己和律師老公的婚姻裡也有過不少風風雨雨。但是，開心的時候，真的很開心。

對！就是為了這一句，開心的時候，真的很開心。還有，幸福的時候，真的很幸福。為了重複這樣的甜蜜，就值得再努力。

即使，對方曾讓你覺得心痛過，但那也是因為，他曾經讓你把快樂的感覺深深刻在心頭，有了這樣的感受，痛也相對的深刻。

和很多人一樣，我曾經想要放棄過，所謂的放棄，並非單只有「離婚」一個選項，還包括了你告訴自己「婚姻就是這樣，早晚而已」。但我發現，放棄從來不是放棄，只是迴避，你迴避自己對愛的渴求，告訴自己沒有也可以。

事實上，你是忘記了，自己可以如何徜徉在愛的懷抱裡。

這或許是導因於我們個性中的軟弱，不想面對奮力一搏後的失望。

然而，其實你沒發現，如果你從愛自己出發，你根本上就已經到達目的地了。因為你是為了自己而經營情感，你是在找尋追求一個你想要的伴侶關係，而不是渴求一個自己無法決定的愛。你甚至有機會從把自己丟到一個世上最陰暗寒冷的角落開始，再把陽光帶到屬於自己的角落裡，然後重新面對你的關係。

本書討論了感情危機、婚姻迷思、三角關係、親子矛盾、婆媳問題、出軌……全面囊括了各式各樣婚姻議題，看似荊棘叢林的追求幸福之路，是否真能如作者所說的一路披荊斬棘呢？

作者說每段婚姻都是一個充滿艱辛但絕對值得努力的個人成長過程，擔任諮商師的她接觸過上千個案例，總結出：只要愛自己，和誰結婚都一樣。現在的伴侶就是最好的，絕大多數離異和分手都可以避免。沒想到，在律師事務所看過上千對離婚夫妻的我，想法也是一樣，只是再加上「在某個時間點以前」。

我深信有所謂幸福的步驟，不是從伴侶是誰而決定，而其中的每一步運籌帷幄，讓作者來告訴你。

給沃夫與阿娜蕾娜
給茹特與艾伯哈特

我被占領、
征服、奪走了權力。
因為愛。

目錄

目錄

我愛她，

不是因為我們很相配。

我就只是愛她。

——出自《輕聲細語》的湯姆·布克（勞勃瑞福飾）

前言
不輕言放棄

我知道，你可以挽救自己的婚姻！我知道，從現有的伴侶關係中，你可以建立起你所期待的關係。命運讓這本書出現在你眼前，也許是好友出於善意送的禮物，也許你現在在讀這一段，只是因為有人說：「來吧，如果你想修復與伴侶的關係，就來讀讀這本書。」也許你的伴侶拿著這本書，像揮舞擀麵棍一樣威脅你：「你倒是為我們的婚姻做點什麼！」也許這本書就是突然跳入你的視線——在書店、沙發或床頭櫃上，輕聲召喚你：「翻開我吧，請你讀一讀。」也許你已苦苦尋覓了許久，想解開心中的疑慮，想找到新的角度，想徹底改變你的感情生活……如果你正在讀這句子，你潛意識中肯定有這樣的願望：致力經營你的關係，或最終找到一份深層的情感。你一定明白，你的心靈想要全心投入，但理性讓你猶豫不決。

就算你已經放棄了希望，因為你不再相信你的婚姻還有可能更深刻更美滿，也不相信自己跟有了外遇和不時傳出新緋聞的伴侶能復合，也因為你的性愛失去了滿足感。也許你們之間只剩下爭吵；也許你們的婚姻已名存實亡，你和伴侶只能「相敬如賓」地過著乏味的生活；也許你無法原諒，被難以排遣的憤怒所控制；也許你和你的伴侶總是為雞毛蒜皮的小事爭吵不休，又為戰事越演越烈而吃驚害怕；也許你已讀過成堆的書，參加過課程，甚至做了關係諮商，仍然對解決問題缺乏信心。

即便已經糟糕到這一步，你的婚姻仍然可以挽救！所有一切可以有大轉變，兩個人可以再一次——或第一次真正的——在一起。一切都有可能，哪怕聽起來像天方夜譚。就算親身體驗過這樣的轉折，驀然回首仍覺得恍然如夢。但這完全取決於你的力量，你可以完全按照你的意願發展你的關係，而且就是和你現在的伴侶在一起。無論此刻的他對你來說多麼疏遠，多麼沒有吸引力，甚至令你討厭，我依然相信，你一定會成功！我之所以如此肯定，是因為親身體會過。也許像我這樣一個關係諮商專家很可疑。因為我研究伴侶關係問題很多年，讀過許多書，師從於德高望重且傑出的教授。也許正是因為我已經幫助很多人，一起努力拯救他們的婚姻，所以我真正瞭解伴侶關係的真諦。我之所以確信你一定能成功，是因為直到今天，我仍然跟我丈夫活在我們曾以為會破碎的婚姻裡，並對此心存感激。

從戀愛的第一天起，我們就不是令人看好的夢幻情侶。在過去很多年裡，幾乎沒有人對我們的婚姻有信心。但是今天我認為，正是因為別人誤解我們之間缺乏感情，迫使我去尋找維持關係的真實力量。時至今日我更加確信，生活引領我們走到一起，還設下了無數障礙，因為克服障礙使我們更加互相信賴，並且進一步完善自己，這恰恰是我們要做的人生課題。如果沒有這些挑戰，我們不可能發現自己內心有多少愛、忍耐、堅韌與勇氣，不可能體驗到兩個人在一起能跨越多少不可能跨越的鴻溝；我也不可能一步步接受，在我身上發生的一切都是正常的。更不可能寫出這本書。

「我知道，我一定能成功！」這就是支撐我繼續下去的真正動力，也是這本書裡蘊藏的力量。

深深感激我的女兒與丈夫。

愛娃——瑪麗亞．楚爾霍斯特

為什麼寫這本書？

走開，是為了再回來

我沒想過要寫這本書，但最終還是寫出來，因為我必須寫。想要寫這本書的欲望如影隨行，讓我不得安寧。顯然，它想透過我問世。

有很長一段時間，我都沒清楚意識到我的生活總是和人際關係研究有關。我有過不少目標、計畫和願望，我投入所有心力去做，結果常常事與願違。我的經歷讓我很早就習慣接受這樣的現實，我無法控制，也無法決定我的生活。生活有其發展的軌道，我只不過是順應形勢，接受這樣的發展。即便我不接受，生活仍教導我事物是循環往復運行，不斷變化，而這變化正是我的生活意義。事物都在循環週期中完滿、死去。我因此被引領進入自我的新秩序、新價值與新發展，生命因此煥發出新的生機與活力。

過去每一次令我憂慮不安的循環週期裡，我都更深信新事物必將隨之到來。我學會保持清醒，敏銳地判知去向，保護生活意義不受侵害。我學會拋棄阻止我選擇的陳規舊習，學會相信眼前的未知之路會是旅途中最美好的一段，在下一個岔路口又有機會掌握新的人生幸福。永遠不會有終結。總有新東西從內心破繭而出，缺點和表面上的障礙都成為指引的路標。我一次又一次地忍痛割捨過去，騰出空間接納新事物。然而這些表面上看起來的新事物在內裡都一樣。最後我一直在探究人際關係，並且學習接納自己。

五歲時，我經常覺得非常孤獨。有時孤獨的恐懼幾乎將我淹沒，讓我不敢對任何人說。我總覺得我的生活不真實。我不停觀察身邊的人，然後問自己：難道他們都確切知道一切，只有我什麼都不明白？我滿懷恐懼地想像著，這些圍繞在我身邊的人也許只是演員，他們正在演出一部預先排好的戲。我也許是唯一一個把這一切都當真的人，真正體會到恐懼與歡欣的人。有時我又問自己，會不會一切是反過來的，也許只有我覺得生活中一切都是假的，所以我才經常會在別人快樂滿足的時候，覺得自己陌生和孤獨。

上學時，我跟大家在一起時常常偏頭痛，只能待在黑暗的房間裡。到了青少年時期，我時常會在人群聚集的地方因為呼吸急促而突然失去知覺。還未成年，我就逃離了我出生的小城，並且退出天主教教會，希望能在其他地方找到信仰和歸屬感。二十歲出頭時我成為記者，極為幸運地得到了去埃及工作的機會。文化和信仰的差異以及空間變換，喚醒了我所有的好奇心。我沉迷在日常生活裡隨處可見的宗教。在這裡，生活中的一切都與信仰密切相關。然而人們也得為此付出巨大的代價：當祈禱的聲音響徹開羅大街小巷時，街頭充滿了男人飢渴危險的視線，和完全放棄自己的女人。

將近三十歲時，內心的追求驅使我來到南非好望角。在這片黑人與白人共居的土地上，我依然一無所獲。我就像一個徒步旅行者，徘徊於不同的世界之間，不斷接觸內心深處彼此仇恨的人們，不論他們什麼膚色，都懷有同樣的深切渴望。不知從什麼時候開始，我的反種族隔離立場不再鮮明，覺得自己喪失了時事新聞記者的能力，做三分鐘新聞廣播像是在強暴真相。我心中思索的問題逐漸失去了政治意味，反而變成一種習慣性的心理活動。我與失明的人談論南非，他們甚至能聞出或聽出人的膚色。這一切讓我覺得荒謬。我只有一個願望：讓不同膚色的人重新開始溝通。為了忠於自己的感受，我結束了駐南非記者的生涯，寫了一本書，描述我與居住在好望角的黑人和白人之間的接觸。

回到德國後，等待我的是下一輪對人性的研究與學習。那時柏林圍牆剛倒，我成了柏林一家原屬東德的大型公司公關部負責人，隨後又兼任人事部主管。整整三年從事著重建東部的開創工作，直到有一天早上。那天我原本應該首次向公眾介紹我為企業制定的公關戰略，我卻在自己的辦公室裡精神崩潰。崩潰只是一個潛滋暗長過程的頂峰而已。

崩潰之前，我內心一整天都在為這場演講戰戰兢兢。我費了很多心思用圖表、資料、投影片和管理式的語言去準備這次報告，期望自己的表現像個專業經理。但這一切對我的工作早已沒了價值和意義。人，再次成為我關注的中心。我在公司也負責內部溝通，因此在公務之餘成了德東人與德西人、白領與藍領之間的傳聲筒。我擔負起訓練課程，舉辦人格發展講座，被董事會任命為談判調解人。我又一次要挑戰人際溝通裡不可能跨越的鴻溝，內心再次被探索的熱情征服，期待自己能為不同社會背景的人拉近彼此的距離。

這一次我花了特別長的時間按照規則去完成任務，自己卻被越來越滿的行程表追趕，內心則被越來越多醫學無法解釋的心悸和莫名的恐懼所困。好像我在扮演一個角色，卻無法找到自我。精神崩潰促使我下定決心擺脫這一切，重新找回勇氣，回歸真我。於是我遞交了辭呈，放棄那份收入優渥的工作，也告別了我的跑車、豪華閣樓公寓，以及住五星級飯店的旅行。我整修了一間老房子隱居起來，靠自由撰稿之類的小生計為生，完全不知道未來的方向。

我像一個跋涉者，走遍地球每一個角落，徒勞地探究人的天性，尋找相關的答案。我覺得自己筋疲力盡，如同燃燒後的灰燼。而我剛滿三十二歲，在職涯中走了許多彎路，最後以精神崩潰告終，像個漂泊者隱居起來。我把自己的生活簡化為一個主題：如何充實自己？怎樣去做一些確實有意義的事？我該如何在人與人之間建立溝通和聯繫？

但我驚訝地發現：我懷孕了！我的軌道被打亂，命運送我一個孩子，又將一個不安分的年輕男人做為孩子的父親帶進我的生活。他的人生經驗和對未來的態度與我大相徑庭：他比我小六歲，習慣接受上天的饋贈，不必費勁就能實現自己的願望。他年輕，有魅力，總是心情愉快，需要享樂。他公司的利潤和專業影響力都在穩步上升。那時他對人生的期待僅僅在於將來能超越他的哥哥們。

在認識我之前，他習慣過夜生活，興致盎然地製造一些淺嚐即止的風流韻事。在他的朋友與生活圈裡，我就像個異類。因為我的外表完全不像孩子的父親一樣是個率真的天使，而他也不符合我心目中的理想：在他身邊我能感到溫暖，他帶給我歡笑。可他不是我夢想中富有創造力的藝術家、有天賦的建築師或文字造詣高深的作家，也沒有寬闊的肩膀可以讓人依靠，而且根本無意尋找生活的意義和生命中的女人。我則正好相反，我一直都在尋找能夠廝守一生的男人。然而所有的追尋都是徒勞。在滿滿的期待中，我有了兩個情人和一連串的短暫戀情。儘管我希望能停下尋找的腳步，能毫無保留地奉獻，卻不斷地被帶走：一是被拋棄的恐懼，二是對被壓制的恐懼。所有認識我的人都認為：我已無可救藥！

我們的關係平淡無奇，我們之間沒有浪漫故事。我甚至對小我六歲的丈夫一無所知。每個人都看得出來，我們不是神仙眷侶，但我們將為人父母。我很清楚自己想要這個孩子。他也很明白：「車到山前必有路，事情總能應付過去！」於是我們放下一切，搬到一個新城市開始新生活。

兩年後，女兒已蹣跚學步，我們的婚姻也陷入了低谷。幾乎和所有家庭一樣，媽媽做飯，爸爸上班，夫妻間沒有溝通交流。丈夫回家越來越晚，次數越來越少。我自己則整天處在兒童遊樂場的沙堆和滿地亂爬的小傢伙中，鬱悶無比。我們的爭吵越來越多，一如朋友所料：我們兩個不會長久。

一切變得越來越空虛，我們在調整自己，沒有分手。渾然不覺中一天度過一天，精神和身體上的接觸日漸減少，明槍暗箭的爭執越來越多，最終我們互相折磨：家庭日常和隱祕的戀情糾纏，換工作，搬家，看不到希望並不斷重新開始。儘管如此，我們仍然沒有分手。每當我們瀕臨絕境準備分開，都被深深的悲哀觸動，失去的溫暖又會從心底湧起。不是激情，也不是渴望，只是一股輕柔的悲傷，一種對愛的回憶，令人驚訝地不期而至，又在無意中倏忽而去。

這種感覺雖然不是我內心渴求的回應，卻像魔幻般吸引著我。就像一個密碼，等著我去破解。我們試著去啟動這種感覺，開始去查明。我總覺得，在伴侶關係中還有一件事比找到對的人更重要。靈魂深處有一個聲音不停對我說：還不到放棄的時候！我不斷在我們中間發現能讓我與他徹底分開的問題，而這些問題也讓我與之前的男友們分道揚鑣。確實如此，如果我真正感到絕望並敢於面對現實，我就應該能看到：這一切我都經歷過！他和我之前的男友一樣！我在婚姻中所處的位置，竟跟我在南非的小鎮上，或恰好置身於隔斷東西的柏林圍牆邊所碰到的問題一樣，歸根究柢都是溝通的問題。面對那看似無法逾越的鴻溝，我一直在努力引導那些還沒有意識到彼此分隔的人們再走到一起。

認識到這點後，我們努力去避免彼此傷害，在危險的邊緣及時停下腳步。我們試著敞開心扉交談，慢慢用探究而不是恐懼防禦的眼光去觀察對方的世界。我去尋訪婚姻諮商專家，閱讀相關書籍，參加課程，做培訓治療自己。我們越來越有勇氣與別人共同探討我們的真實狀況。在談話過程中，我們發現彼此的距離有多遠，因此而越來越靠近。我們越來越有勇氣和朋友談論我們不美滿的婚姻，甚至看到其他人的婚姻也不見得有多好，這讓我們鬆了一口氣。我們彼此和他人間的距離又更接近了。

隨著丈夫回家的次數越來越多，我又開始工作。我已成為受過培訓的心理諮商師，輔導那些在工作上經歷與我相似的人，幫他們走出死路。我開始用治癒自己的方法，去幫助其他人走下去。過去在工作上的追尋與曲折歷程，於此刻都有了意義。我的婚姻也開始自混沌中甦醒——充實與成就同步增長。

在這個人生階段，我的生命中出現許多奇妙的事。先是有幸結識了恰克・史匹桑諾博士（Chuck Spezzano，心理治療師）。為了走出婚姻困境，我參加了他的講座。我只知道他是來自美國的知名專家，有許多著作，而我一本也沒讀過。

他開始演講不過十分鐘，我的眼淚便止不住地往下流。我被他深深打動，他的話觸及我的心靈。眼前這個人似乎瞭解我的想法，知道我的追求，他自然而然地闡述伴侶關係裡的重要問題及規律，竟契合我長久以來的想法，而我從來沒堅信過裡面的真實性。他像一個間諜，好似長年累月隱藏在我們身邊，從窗簾後面窺視。他舉的每一個例子，講的每一個個案，說的每一個笑話，都讓我覺得他已認識我和我丈夫多年，對我們瞭若指掌。我被深深地震撼與打動，感覺獲得解脫。

在這三天講座裡，淚水一次又一次地湧出眼眶，內心深處受了一次巨大的洗禮。我知道，我終於找到了對我個人生活和諮商工作具有重大意義問題的答案，無論碰到什麼困難，問題都涉及到我有沒有愛自己。我的婚姻和工作不斷引導我走向這個核心，但從沒有人能如此徹底、詳細、準確地向我揭示這一點。其實所有答案都在我心中，只是我從來不曾真正相信過。史匹桑諾正視這個問題，帶領我逐步認識一個新世界。我覺得非常快樂，渴望投入研究工作。

我的工作方式徹底改變了，我與丈夫的關係也呈現新氣象。我們融化了婚姻中的堅冰：對彼此更真誠，也更清楚曾經我們多麼陌生。在過去爭論不休的地方，彼此能給予理解和支持，甚至意識到僅需隻言片語，就能傳達彼此的不同和渴望，溝通上有巨大的改善。朋友們都幾乎不敢相信：「這兩個人竟然……」我們身上煥發的活力與愛情令人無法忽視，宛如一對剛墜入愛河的情侶。

就在這時期，情感瘟疫在朋友圈蔓延開來。每天都有人向我傾訴情感上的問題，有越來越多的人陷入了關係的死胡同。我有時會受到狠狠衝擊：昨天還在笑談天氣，今天卻面對分手和苦澀的結局：「我太太搬出去了，她要跟情人住一起。」有時候說他另外有四個小孩，有時候兩方都有外遇。有時兩人關係已蕩然無存，有時卻是一場玫瑰戰爭。這股情感瘟疫迅速蔓延不可控制，常常以勞燕分飛告終。兩人關係分崩離析的速度越來越快、例子越來越多、原因越來越令人瞠目結舌。好朋友、鄰居、同事，沒人想和伴侶分手，卻都心灰意冷地被迫走上最後一步。

在我的診所裡，這股瘟疫一開始不明顯，令人察覺不到。尤其來訪的男士最初都是來諮詢如何追尋個人成就和實現職涯願望。但只要經過一兩次面談，我就能發現事情總是圍繞在人際關係打轉——與同事、合作者、上司的關係，甚至包括伴侶關係，讓我的個案很驚訝。一旦觸及這個敏感問題，許多人會突然呼吸不順，甚至失控，淚水奪眶而出，因為真正的颶風中心在家裡，在那張共枕的床中央。

這股長期得不到宣洩的情感浪潮，往往能讓人更深一層地認識人生。這些男人雖然最終攀上了事業頂峰，但都承認得為自己的全部行為負責，而且距離自己的實際能力和需求越來越遠，也跟伴侶和家庭越來越疏離。他們極其渴望能重新找到個人與工作目標，但是大多數情況下，當糾纏不清的私人問題最終成為談話主題時，他們原本無止境的職業競爭心會退居二線。一時間，他們希望再次與伴侶交談，希望把伴侶帶來一起諮商。

我的診所要處理的關係諮商越來越多，個案們遭遇的問題、內心的絕望與懷疑，都跟我從前一樣。幾乎沒有人願意分手，但也沒人明白，那致命的病毒是如何悄無聲息地侵入他們的親密關係。大部分人已放棄掙扎，只是心懷愧疚，或為孩子擔憂。

我無心插柳柳成蔭地成為關係問題的專家。我被浪潮推湧著，我的婚姻是促使我成長的源泉，書籍和培訓融化了冰凍的關係，史匹桑諾博士就是推動我轉變的巨大波瀾，那些找我諮詢的人成為不斷充實我的水流和指導我學習的導師。他們身上的每個問題都讓我認識到，我在婚姻裡經歷過的種種磨難都不是偶然，裡面藏著規律性，個人與職場的人際關係甚至種族衝突，都擁有同樣的規律性。只有深入關係裡才能真正理解和體驗到。人際關係的問題只有那份關係裡的相關者敦促自己改變，才能真正解決。分手不是解決問題的辦法，那只會耽誤治癒的可能。

我希望透過本書令推動我前行的浪潮繼續奔流。在此，我對所有愛我的人表示深深的感謝。我衷心希望對婚姻和愛情失去信心的人們，能在決定離異前看到此書。如果能藉此與他們分享我找到的希望、愛和勇氣，並鼓勵他們像我一樣，在各自的關係中去重新發掘，重新發展，我將感到非常快樂。

本書為誰而寫？

這本書是為了這些人寫的：他們的關係固定卻令人不滿意；面臨離婚抉擇，或者正在三角關係中的人；為那些有外遇、被欺騙和被迫更換伴侶，或是不斷被拋棄的人；為那些想要拯救婚姻，卻沒有勇氣去面對，或找不到解決辦法的人；為那些在婚姻中承受過很長痛苦的人。

也許你已經很清醒，覺得自己的婚姻只是一座廢墟；也許你已經聽天由命，不再對重新走近伴侶抱一絲希望；也許你想盡最後的努力，來拯救已褪色的愛；也許你正感到絕望，因為你有個祕密情人或有個追求者，因此備受愧疚折磨，害怕孩子和伴侶知情。

也許你已經想離異，卻害怕說出真相，害怕供認不軌行為，害怕伴侶的憤怒或被趕出家門。我的經驗告訴我，伴侶關係中常見的問題往往有兩種形式：你若不是覺得壓抑，儘快離開是你唯一的機會；要不然會用盡全身力量去壓抑每一份焦慮，試圖閉目塞聽，不再表達自己的要求和想法。也許你正在打探，或許在哪裡能重新找回自我：

你是否屬於內耗型

從外表看來，你一切完好無缺，內心卻僵硬無力？你是否有時會被一個念頭突然擊中：「眼前這一切真的應該如此嗎？」一切都平淡無奇地過去了？對你自己或伴侶隱瞞了什麼，你的伴侶是最後一個知道的人？你瞭解那種害怕對方意識到你們之間有謊言存在的恐懼嗎？當你在餐廳或聚會上遇見朋友時，是否越來越常會有「其他人可能更幸福」的幻想？你做得越多，卻覺得獲得的越少？你的性慾是否在減退，越來越流於技術，且需要花樣翻新的刺激？你覺得自己如同燃燒的灰燼？你是否正好有個情人？或有人在追求你？你夢想偉大的愛情或至少來一次令人臉紅心跳的桃色事件？你怕孩子嗎？害怕必須和其他人分開？害怕你的人生夢想會破滅？害怕你真實的心？

或者你屬於外損型

你一直忙於維護婚姻關係？不喜歡討論你的心理狀態？覺得你想什麼與任何人無關？但你有時後害怕被人拋棄？你的伴侶正在懷疑他對你的感覺？你一直覺得或剛剛得知，你的伴侶愛上了別人？你越來越常把時間和精力投入工作、新的嗜好和約會中，沒有時間陪你的伴侶？你覺得被伴侶疏遠，受他的精神壓迫、被束縛或即將被逐出家門？你覺得，無論你為伴侶付出多少永遠都不夠？你「有」外遇嗎？儘管你根本不想如此。

你會用酒精、食物、毒品、性、電視、網路或其他你無法控制的嗜好來麻痹自己？對這些癮的渴求是否在熱鬧的交際場合或獨處時特別強烈？

如果上述情況或多或少符合你的狀況，那麼你需要做的不是跟伴侶分手，而是改變自己。你需要下定決心做治療。你需要的不是找到唯一一個對的伴侶，而是徹底地開誠布公，勇於面對你們之間關係的真相，你需要的是意志力、理解、時間、耐心，和許許多多的練習。

第1部

愛情終點站——走入日常婚姻生活

第1章 和誰結婚都一樣

不管跟誰結婚，其實都一樣。你面對的本來就只有你自己。你的另一半顯現出的不過是你沒實現的需求、你自身愛的能力、你遇到的障礙、受到的傷害、你的活力，尤其能讓你看到渴望與恐懼在你內心深處造成的分裂。你不能總是期望伴侶幫你找到真正的快樂，也沒人能保證讓你獲得自信和對自我的重視。無論你碰到誰，最終總是會與自己相遇。因此，我認為你大可留在現在與你在一起的人身邊，不管你們現在的狀況多麼難以忍受。在婚姻擱淺之處，在冷漠氛圍中，在內心充滿憤怒時，在感覺彼此仇視厭惡時，恰恰正是大有可為之時。這需要人們，尤其是從你自己，尋找解決問題的可能。

我知道這個觀點馬上會引發各種反對意見。在童話故事中，只有真正的王子才能與真正的公主相遇，如果他們沒有死去，到今天仍然幸福生活在一起。現實的婚姻生活卻是在婚禮之後才真正開始。然而越來越多的婚姻在此之前就失去了意義，即便他們沒有死去，也早已分道揚鑣。

三分之一的婚姻在離異前就已擱淺，在人口稠密地區，比例甚至達到二分之一。一九九〇年代以來，此趨勢更是有增無減，僅在二〇〇三年，德國就有超過二十萬對夫妻離異。所有這些人在結婚之初，都希望能找到自己的幸福，而且能給予幸福的正是自己的另一半。後來他們離婚，是因為他們覺得自己沒有得到當初所希望的幸福。跟這個人的婚姻看起來就像一個設計好的騙局。

離婚，沒有必要

如果我告訴你，至少有百分之七十的婚姻根本不必以離異告終，你跟誰結婚都一樣，因為你最終遇到的還是你自己，我想做的，就是希望能推動你從一個完全不同的角度來剖析婚姻：婚姻絕對不是浪漫的精美包裝，它的真意在於平衡和調節伴侶間的內在衝突。因此，婚姻是個療癒場所，讓彼此從給予中發現真愛。生活哲學家認為：生活是一所學校。如果確實如此，親密關係和婚姻就是培養社會菁英的高等學府。在這裡，你必須面對最艱難的考試，然後你能學習和成長，被更多的人接受。

即便格林童話一心想傳達給我們「從此王子和公主過著幸福生活」的美好結局，但大自然對一切自有安排。在婚姻的核心裡，始終埋藏著生命最具挑戰性的動力和彼此矛盾的衝突。儘管親密接觸使婚姻關係比其他形式的關係都豐富得多，但這種長期關係所承擔的責任，也會令彼此以最大的限度消磨損耗。沒有什麼能像婚姻那樣迫使我們認識到，我們雖然是個體但絕非全人，我們總是無法找到更好的另一半，我們只是普通人。

無論在這世上生為男人還是女人，從出生那一刻起，我們就置身人類生命最大的對立之中。我們從來就是不完整的，若不是男人，就是女人。從生命開始那一刻起，尋找另一半的旅程也開始了，渴望與他身體、精神及情感合一。這種渴望是與生俱來的，或者說來自我們的遺傳密碼。終於有一天，我們碰到了自己在追求的人，並結婚成為一對。驅使我們不斷尋找的渴望看似終於平息，我們感覺到完滿合一。

但往往好景不長。數年後，還有多少伴侶能相依相偎，保持完滿合一？還能感覺到多少和諧與快樂，還能積極地溝通談心？你是否認識結婚多年的伴侶，他們依然能透過對方達到自身的完滿？哪對伴侶能將彼此差異當作使自己更有同情心、更慷慨且高尚的挑戰？哪對伴侶能將婚姻中的危機當作指路明燈，學習如何去瞭解對方？離婚統計的結果使我們不難相信，與另一個人生活在一起久了，兩人關係會逐步變成無法承受的負擔。一切幸福、完滿以及長久以來所渴望的和諧相處，不僅與我們結婚時的期望恰恰相反，還奪走我們完善自身的希望和對另一半的信任。

本書探討的是幸福，伴侶關係中的幸福與和諧，旨在說明兩者在婚姻中可以逐年增長。每個人都可以為此不斷努力，但你首先必須從一個謬誤中走出來。並非只有找到正確的另一半，你才能獲得幸福。我要告訴你的是，你的幸福就掌握在你自己手中，你自己就能使生活和情感變得充實豐富。但是，你必須將尋找的觸角伸向你的世界。

真正的伴侶是你自己

不斷追尋的完滿合一確實存在，不過尋找的途徑不在外面。理想的存在與完滿合一的感覺其實只能從我們自身內部尋獲。每個人生來就是如此，但人們往往忘記了這一點。這就像一顆葵花籽，它出現的時候就已蘊含最終成長為向日葵的所有因子。葵花籽不會自問：我能不能長成一棵蘋果樹？它只是向上生長，直到長成最好的向日葵。

我們人類的成長過程從來不是那麼簡單。現實的限制、父母的要求、社會的影響，如同精神上的基因控制，在我們還未發芽生葉就已打上烙印。隨著時間推移，它強大的影響力和推動力讓我們漸漸遺忘了原本屬於我們的完整性，使我們看不到自己的核心目標，喪失了扎入大地的根鬚，得不到成長所需的營養和動力。我們在通往內在生命源泉的道路上迷失了方向，也就失去了與自然、活力、直觀生命本體的聯繫。使得我們得將內在的空虛包進一層厚厚的硬殼，開始扮演角色，為自己制定一套完整的個性。

有時我們會固執地堅持自己的角色，逐漸忘記本來面目。我們開始自問：難道蘋果樹不是更好？也許長成向日葵一開始就是錯誤？失去了與本原的聯繫，我們因此開始不斷尋找，內心一再出現矛盾，被對立的需求撕裂：對自由的渴望與接近他人的需求同樣強烈，還未來得及享受內心的熱情，就已被隨之而來的恐懼壓倒；我們乘著夢想的翅膀剛啟航，立刻墜入無法突破的重圍。慷慨伴隨著貪婪。熱愛與抗拒在有意無意之間形成各種矛盾，使我們徘徊不定，進退兩難。我們被內心的矛盾驅使，一生不斷地尋找、追逐：我們可以一走了之，卻因為一直以來接受的觀念，不得不留下來照料一切；我們期待擺脫所有束縛回歸自然，但所接受的教育不允許這樣做；我們渴望成為熱情奔放的女性，追求夢想中的情愛，母性的天性卻承擔起所有責任，無法隨心所欲；或一個充滿力量的男性夢想有更多自由、經歷更多冒險，心裡卻像個小男孩一樣，希望躺在溫暖的懷抱裡得到無微不至的呵護。

當我們試圖從與另一個人的共同生活中尋找幸福時，我們想得到的其實是內心的均衡與和諧。我們想回到自身本原，尋找種子的完整性，通道卻堵塞了。我們擁有的寶貴資源被內心的緊張遮蔽，因為我們就像關在籠裡的動物，許多感覺被封鎖在內心得不到宣洩，也因為我們從前的完整性與分裂、枯萎、養分不足的個性在潛意識裡起衝突。我們完全被失序控制，迷失了方向。

但我們大多數時候都沒有清楚感知到這些內心衝突，只是覺得缺乏平靜與快樂。因此在身邊尋找一切可能使我們改善和補充的事物。無論是否明確，我們都在尋找更好的另一半，尋找偉大的愛情和一個命中注定的人。一旦我們滿懷熱情投入感情，便會渴望完整合一。沒有人不希望透過與另一個人建立的關係來滿足自己的需求，找到一個吸引自己、相輔相成的人，理解自己，使自己變強大，獲得內心平衡。

學會如實地展現自己

為了能找到並擁有那個理想伴侶，我們必須展現出最精采的一面——問題立刻出現了。我們表現出來的是我們認為能被對方認可，特別具有展示性的長處。隨著時間流逝，我們習慣成自然。我們受過無數次傷害，感覺對方不能接納我們原本的樣子，最終會將自己扮演的角色不斷內化，直至徹底忘了本我。當我們認識一個新伴侶，我們不是處於自然完滿的狀態，而是為了「更理想的另一半」存在，努力展現我們認為特別值得展現的優勢。在潛意識深處，我們努力遵照小時候父母所期望和長大後社會對我們的要求，同時在另一半面前，甚至在自己面前，都試圖將個性中不吸引人的部分隱藏在完美光環之後。這樣的戲法完美演出，但沒人真正走近我們。

如同一個電影場景，一位年輕女孩為了去赴心上人之約細心打扮自己。她一隻手拎著誘人的窄小三角褲，一隻手拿著緊緊包起肚子和屁股，也包住大腿和腰的肉色緊身衣。她難以抉擇的是，究竟要不要穿上這件緊身衣？這件緊身衣能她的身材顯得修長苗條。但如果，當夢中情人脫下她的外衣看到那件肉色玩意，他會多麼詫異？如果穿那件浪漫性感內褲，他會在第一眼就看到她凸出的贅肉，因此破壞了進一步親近的機會。

沒有什麼能比親密關係更容易暴露我們的內心世界，徹底揭穿我們美化自己的各類詭計。我們越是接近，越是一起成長，就越無法控制自己、嚴守紀律、運作正常。我們會看到自己不動人的面相：情緒化、易怒，覺得受傷害、被誤解、軟弱無能；威脅彼此或退卻；滿腹牢騷，怨天尤人；我們逃了。越是向一個人敞開心扉，越容易受傷，也越容易竭力捍衛自己，於是會有更多臆想出來的荒謬之事冒出來。讓我們繼續上面的例子：別人看到了我們衣服底下的軀體。因此，關係裡至關緊要的是誠實看待自己，學會如實地展現自己。

我們必須要有面對自己本性的勇氣，即使自己不喜歡、不想承認，即使我們厭惡、譴責、排擠那部分的自己。如果我們不探索、不打開心扉接納，身邊的人都會離開。看清衣服裡面的身體，看著那些令人厭惡的贅肉，想方設法轉化你對它們的看法。首先搞清楚，那些我們欲除之而後快的贅肉，是否在更深的層面對我們有另外的意義或積極作用。

一位諮商心理師告訴我一個個案的故事。這位女士深受過重之苦，用盡各種辦法減肥，但收效甚微。她發現，每當她想跟一位男士確定關係時，她的體重就會明顯增加。她開始認真研究自己對男人的潛在看法，不得不承認，對於男人，她的評價一點也不比早年被父親遺棄的母親好。於是她開始明白，身體增加的贅肉恰恰是自我保護的鎧甲，防止她墜入情網，避免最終被拋棄的命運。

後來發生的事情，使她終於看清男人與肥胖之間的關係。由於工作的原因，她必須去埃及幾個月。在那裡，男人更喜歡體態豐滿甚至肥碩的女人。所以，當她從埃及回來繼續諮商時，她明顯消瘦了。身體再次為她築起自我保護的防線，令男人對她望而卻步——不過這次用的是消瘦的方式。她告訴諮商師：「體重自己減輕了，我突然一點都不餓，完全不想吃……」當她認識到其中的制約關係後，又過了一段時間，她調整了內心，終於能向一個男人敞開心扉並接納他，身體也不再為她穿上鎧甲。

我們都痛恨精神和身體的贅肉損害自己在別人眼中的形象，贅肉讓我們產生羞恥感，對自己感到憤怒。於是我們努力戒菸，節食減肥，盡量不喝酒，希望給伴侶看到最好的自己。可是我們從來不曾想要承認：我們內心有缺失和痛苦。在我們狂吃巧克力和洋芋片尋求慰藉的時候，我們仍然感到孤獨或無助；當我們抽菸或恣意喝酒時，仍感覺受到內心的譴責和抵制。我們不想變軟弱，也不願被贅肉拖累。於是不斷用意志與自身缺陷鬥爭——最後演變成對抗自己。就算短時間內能用意志力對抗麻煩的癮，卻很難長期嚴守戒律，成癮的嗜好最終將在反彈作用下使我們陷得更深不能自拔。

解脫之路只有一條

如何長期有效地戒癮？首先必須瞭解，香菸、巧克力或啤酒，或任何一種令我們上癮的物質，未能真正帶來好心情，只覆蓋壞心情。導致我們反應的原因是內在的緊張。壞心情並沒有消失，我們只是暫時轉移了注意力，直到麻醉作用降低。這個原理同樣適用於大部分的伴侶關係，有些人將伴侶當成毒品來抵禦自己內在的空虛。

癮就是這樣形成惡性循環的，其中也包括對伴侶關係的依賴。其實重要的並非是如何不斷轉移對內心痛苦的關注，而是去瞭解造成依賴的核心。每種癮都有個好意圖。德語中「癮」（Sucht）和「尋找」（Suche）的詞幹相同。不管是伴侶、飲食、菸酒還是毒品，我們都因為尋找而成癮。酒精能幫我們擺脫僵化壓抑的感覺，幾杯黃湯下肚，我們慢慢放鬆，感覺輕鬆愉快、慷慨大方；香菸帶給我們自在與冒險，尤其在打電話、談話或思考時……我們的伴侶更應該是抵禦各種問題的靈丹妙藥，他們的首要任務就是給我們一直在尋找的完滿合一感。

但不知從何時起，我們不再去追求這份完滿合一、對身體接觸的需求、流暢靈動感覺，不再設法接近對方並保持彼此的自由。我們不能再從對方身上得到滿足感，反而遭到責怪和拒絕。這樣的傷痛及原因令人難以承受。於是我們寧願將這些需求徹底根除，讓自己和周圍的人都相信，我們已不再需要這一切。現在，痛苦消失了，沒有人能再傷害我們，留在內心的只有一片空虛。

失去內心的感覺，失去與他人聯繫，壓抑自己的需要，我們已不再是個完整個體。初成癮時，我們能得到片刻滿足，心靈也得到片刻的寧靜，但早晚會認識到自己已陷入惡性循環。我們為填補欲望而焦慮憔悴，為了暫時的解脫而奔波忙碌。求得了一時快樂，內心的空洞卻越來越大，透過自我麻醉獲得一時安慰的解脫，奏效時間也越來越短。沒有一個伴侶能長時間滿足我們的需求，我們只能越來越沉迷於麻醉品中。

為什麼不斷麻醉自己？究竟要逃避什麼？當我們放棄了癮，再回到對原本的追尋中來，才有可能重獲健康，並給予自己那些我們不曾得到的。當我們鼓起勇氣走上自救之路，癮就會轉化為新的力量。

為了建立起能帶來幸福的長期關係，就必須處理和調整人格中那些被拒絕、被壓抑的部分。我們總是像表演木偶戲那樣扮演自己的角色：充滿愛心的伴侶、關懷備至的父母、樂於助人的同事、坦誠忠實的朋友。我們學到要按照成人和社會的要求去扮演適當的角色，然後將個人價值觀連帶這些外在的要求，一併內化為自我。問題是，當我們無法滿足這些要求時會如何？

我們還是孩子時就已經知道，大人根據我們的行為來劃分好壞，所以我們學會隱藏所有壞行為，當然也竭力讓自己更符合好孩子的標準。但是，我們身上還潛伏著其他需求：渴望無拘無束地玩耍；對一切充滿好奇，希望去嘗試，不斷獲得更多新鮮玩意；直到今天，我們仍會在安靜的時候渴望著熱情，希望還能再瘋狂一次，盡情宣洩壓抑的情感，滿足心底的需求。可是這些願望不可能真的實現。自控能力越強的人，面對內心的渴望就越猶豫不定。我們總是咬牙挺住，將自我需求強行吞下去，悶在肚子裡，只在別人面前展現最優秀的一面。事情一旦行不通，我們就繞道而行，為內心的渴望、感覺和需求建立另一條宣洩管道。於是我們變得貪吃嗜酒，酒足飯飽之際吞雲吐霧，或縱容自己做一次狂野的祕密情人。

越是在潛意識裡不接受內心的「惡」，就越得付出更多努力去隱藏它，拒絕它，用能被外在接受的「好」來代替，甚至乾脆將它壓下去，直至遺忘。但是，它並不會因此消失，恰恰相反，所有這些會改頭換面，通過其他管道，尤其在親密關係中更強烈地顯現出來。就在我們親密接觸時，所有那些看起來令人厭惡的性格特徵都會準確無誤地展現，甚至在婚姻中喪失理性，隱瞞真相，撒謊遮掩，尋找外遇，試圖離開，貪婪地渴望更多。一旦意識到這一切，我們會驚慌失措。絕對不是自己的錯！伴侶首當其衝成了罪魁禍首。是他讓我不幸，讓我忍無可忍，是他將我推出家門！我做的一切都是為了維持這份愛。那些「惡毒的」、有控制欲和破壞欲的感覺及想法，我完全沒有概念，或者根本不想知道。

我必須不厭其煩地強調：解脫的路真的只有一條。只有通過這唯一的路，才能真正建立和諧的伴侶關係：我們必須有勇氣去正視自己的本來面目。去真正接觸我們的伴侶，坦誠接納內心對真相的瞭解。一旦你觸及到令人不快的性格和行為中隱藏的恐懼，你就能開始從另一個角度來審視關係中面臨的困境。你開始感覺到，令你不滿的這段關係，與你內在深藏的消極乃至破壞性的生活信念有直接因果：你越竭力付出關愛，就越覺得你的努力在不知不覺中變得毫無價值；你越祈求靠近，你離他就越遙遠。當一線曙光照亮你的意識，你甚至感覺到，自己從來沒有得到過應有的重視。你會發現並認識到，你的親密關係已成為一種模式，換一個新伴侶並不能避免重蹈覆轍。

每個新對象都一樣

對一些名流來說，總會有更大的空間和舞臺展現自己，完成一些其他人不可能做到的事、不可能企及的夢。從好萊塢到中央球場，從摩納哥到柏林，總會碰到一些情況，我稱之為貝克（Boris Becker，網球明星，前單打世界排名第一，有德國金童之稱）現象：經歷了一段交往甚深且長久的情感後，兩人突然分手，至少在其他人看來很意外。然後在短時間內出現一連串令人眼花繚亂的曖昧關係。好像唱片上有一道劃痕，總是播放同一首歌，在同一個地方跳針回去重播。不管是電影明星、體壇健將，或者是公爵的女兒，情況總是這樣，先是相愛、走入婚姻，最後離婚，而他們挑選的伴侶幾乎就像是前任的雙胞胎。名流們不斷製造婚變，好一再以相似的方式與那些外表酷似的人在一起。他們看起來想追求不一樣的關係，卻一再重複前一段感情的橋段。顯然明星們與他人接觸時總是保持一定的距離和信任度，就算不斷換新的伴侶，也不會逾越這條線。

時尚雜誌喜歡把已經分手的名流照片放在一起，於是，不僅是八卦的娛樂記者，就連普通讀者也要問，為什麼網球明星貝克不能乾脆就留在前妻芭芭拉和孩子身邊？為什麼他總是尋找那些異國風情的女人，他又不可能跟她們生活在一起？直到他的自傳出版，我們才瞭解：貝克似乎一直在尋找什麼，而這顯然是他的前妻芭芭拉和他那些短期伴侶都無法給他的。他在尋找的，是他自己。

在自傳中，貝克勇於面對自己內在的性格，披露了他的看法。他強調：書裡寫的真相有時會令人不愉快。他承認自己有時依賴酒精和藥品，並公開表示對外遇的悔恨。這本自傳的作用如同自我治療，令他獲得解脫。在《盛裝》（Gala）雜誌與貝克的一次訪談中，他坦承道：「對我來說這是一種極端狀態。我該如何與瘋狂的社會公眾及壓力妥善相處？我能向誰請教？畢竟沒人經歷過這樣的生活。」他還表示：「作為機器，鮑里斯．貝克必須正常運作，鈔票才會滾滾而來。表面上看起來一切很完美，但門面之後究竟如何，沒有人願意瞧上一眼。我們都願意沉醉在夢幻世界裡。」

貝克和其他名流一樣，始終處於懼怕喪失公眾關注的壓力中。如果人不再有感覺，就會去外界尋求認可和接納。但是如果連感覺都喪失了，也就無法感受到親近身邊的人存在。我們去尋找，努力嘗試，但什麼也感覺不到。只能像機器一樣，不斷在內在模式驅使下尋找新對象，直到有一天終於與自己相遇。

有一次我讀到一篇冰上明星卡特琳娜．薇特（Katharina Witt）的報導。在她經歷了人生第一場偉大愛情之後，「至少推開了八個男友」。報導還配了照片，從中可以看出，那些新男友都是初戀的翻版。薇特在訪談中透露，她一直「無法擺脫悲傷」，在尋找共同生活伴侶時總是碰不到對的人。一位前男友對此發表了另一番言論：「如果你跟卡特琳娜一起生活過，身為男人，你從事什麼都無所謂，因為你不過是她的搬運工。」習慣置身耀眼光環下的薇特則表示，她從來不想跟一個只能依賴自己的男人生活：「對我來說，重要的是我能跟我的伴侶平等幸福地生活在一起。如果現在這個不再能給我這樣的感覺，我就不得不為了我的幸福去尋找下一個。」

如果我們試圖找到幸福，我們總是在尋找另一個人。如果我們指望從新伴侶那裡得到幸福，通常也會在對現有伴侶失望之後，立刻去尋找新對象。就像卡特琳娜·薇特。無論跟誰在一起，只有先解決內心的衝突，才可能找到屬於自己的幸福。我們透過傳媒能瞭解到明星對親密關係的渴求，也許他們擁有更多的可能性，更少的限制，能夠更自由地去嘗試，但是他們的內在跟一般人一樣，被驅使著從這一次分手奔向下一個目標。人們意識到自己渴望與他人確立關係，潛意識中卻在破壞這個目標的實現。如何發現其中矛盾並且接受它，正是我們真正的任務。

如果我們的心辦不到，不去看為何總是在特定地方出軌，我們的伴侶關係就會像唱針一樣一再在同一個地方跳開，回到開始的地方，直到我們心碎了，萬念俱灰，或沉淪於無愛的浪蕩人生。僅僅靠理性很難完成這項任務，即便我們意志堅強，並明確告誡自己，再也不要陷入同樣的關係裡，再也不要經歷同樣的痛苦，再也不會接納同樣的伴侶，而且絕對肯定：「一切會不一樣！」即便如此，我們那已內化的模式、生活信念以及內心傷痛卻早已安排妥當：一切都會再來一次。

就算換了伴侶，結果還一樣

希爾德來找我時，她剛剛跟男友分手。他們已相處了很長一段時間，男友卻經常欺騙她。之後她的現任丈夫將她從那個冷血花花公子手中拯救出來。一切看起來幸福美滿，丈夫與前任男友完全相反，他心地善良，對她關懷備至。為了得到她的芳心，他付出了極大努力，不僅與她結婚，還善待她的孩子。然而誰也沒想到，過了幾年，這個男人就像變成另一個人。不知從什麼時候起，他開始揮霍無度並且欺騙她，甚至比前男友更惡劣更無所顧忌。

ℬ

卡琳的第一任丈夫不僅依靠她生活，還經常毆打她。她的朋友們都說：「那傢伙性情暴躁，極端自私。」大家一致認為，她不應該跟那個混帳男人在一起。她的下一個男友看起來完全不同：溫柔體貼，善解人意，慷慨大方。卡琳現在的生活充滿了陽光與希望。可是不知從何時開始，這個完美男人也開始毆打她。他們分手時，她兩手空空地離開，再次變得一無所有。當第三個男人出現時，卡琳覺得是個奇蹟。他是個成功的企業家，完全拜倒在卡琳的石榴裙下，對她呵護備至，簡直是捧在手心。他立下遺囑，將自己房子所值的一半留給她。然而在他們結婚後，他失去了他的企業和善良。他也開始毆打她，而且因為他們財產共有，隨著他破產，她也失去了一切。

你可以把這些看成令人感傷的個案，但是，感情確實有其發展規律可循，我們不願意承認規律存在，或無法領會其內涵。人們內心的想法、恐懼、防衛很可能隱藏在不易察覺的深處，但會在伴侶關係中顯現出來。男人盡可以隨心所欲地夢想著理想女性，只要你潛意識中對女性懷有恐懼，或對女性的完整與純潔抱有懷疑，這些內在直覺就會影響你對外面世界的觀感。即使你現在覺得很荒謬，但在閱讀本書中你會瞭解到：令你失望且急於擺脫的關係，往往是由你自己一手造成的。

王子為什麼變青蛙

婚姻發展存在一定的規律，一段婚姻破裂後，有些人可能會畏懼，正所謂：一朝被蛇咬，十年怕草繩。你也許害怕要拋開大部分羅曼蒂克的幻想。沒錯！拋開你每一份浪漫幻想，真正的愛情就會來臨。我們時刻殷切期盼翩然而至的白馬王子；渴望純潔無瑕的公主為我們拋下美麗的長髮。我們尋遍所有城堡宮殿，希望發現一個十全十美的「王子」或「公主」，找到的對象卻都平淡無奇。儘管失望，還是接受了他們。然而結婚後他們變成了青蛙，讓我們幻想破滅，急於擺脫。

一位智者曾說過：「從你愛上一個人的那一刻起，王子到青蛙的蛻變就自然而然開始了。」對於智者來說這沒什麼好焦慮的：「變成青蛙並不糟，青蛙也是美好的人。這個世界充滿著青蛙。」智者甚至認為，當夢想中的王子或公主現出青蛙原形時，我們應該感到幸運，因為真正的王子和公主不會對我們這些青蛙感興趣。「最好還是接受現實：我們也是青蛙，真誠且好奇地去發現其他青蛙吧。」這就是智者給那些為情所困的人開出的藥方。

在感情的童話中，我個人推崇《美女與野獸》的故事。它給人啟示，如果你沒放棄正在衰老的青蛙或憔悴膽怯的蛙女；如果你始終堅持不懈，滿懷熱情與忠誠關愛著相貌醜陋令人懼怕的野獸，透過無條件的愛，野獸也會變成王子或公主。

人的腦中都有一個理想情人：他們美麗、強壯、聰慧、善解人意、感情豐富、教養好……根據不同成長經歷，每個人心裡可能有上千種期待。但一個人心目中的王子，可能是另一個人眼中的怪獸。我們不斷用心中的標準反覆衡量自己的伴侶，一旦發現他們什麼地方不符合這個標準，就會斷定他們根本不是王子和公主，不過是青蛙或野獸。

真愛不會受這種期待影響。殘疾兒童的父母都明白，他們愛自己的孩子，不是因為他們是這樣或那樣的孩子，但就是愛他。愛通常是無條件的，而且往往超乎了想像。即便生下來的孩子並不健康，他們也知道自己深愛這個哭鬧不休的小野獸，小野獸在他們心中成了小王子與小公主。

夫妻、父母、情侶

你是否想過要跟自己的孩子離婚？如果答案是否定的，那麼為什麼伴侶不符合你心中理想時，就要換一個新的呢？「沒錯，你說的對極了！」你們之中有些人可能會這麼說。你一定認識與新伴侶相處更和諧、更滿意的人。這樣的人我也認識。現實中只有很少人會認真反省自己的問題，試著去改變和發展自己的人格，以全新面貌投入下一段感情。大部分人在離異後，都只是設法緩解自身痛苦，而不是去瞭解和認識痛苦的根源。我認識的人中，有一部分與前任伴侶有孩子，現在他們與前任伴侶不再是夫妻，僅僅是孩子的父母，他們與新伴侶往往也還不是夫妻，只是情侶。

我想說的是：做為夫妻，就意味著既是父母又是情人，缺一不可，而且順理成章。結為夫妻不意味著浪漫地融為一體，也不意味著要像雙胞胎黏在一起沒有自己的空間。夫妻意味著在另一半那裡練習自己愛的能力，更深入體會內心充溢的感情，也代表著盡可能真實地對待另一半。

重點在於認識並接受一個人的本來面目。意味著我們要不斷練習改變自己、改變想法，接受對方的弱點、犯錯，並設法與之融合。做為夫妻，是個體擴展並接納他人的長期過程。所以夫妻生活首先有利於個人成長。在精神領域最深處，夫妻將共同攜手逾越分離感。不是指身體和空間上的分離，而是指精神上由於被拒絕、被批判、被斥責而產生的分離感。

成為夫妻，意味著承擔責任，相互關照，相互給予並滋養；情侶則意味著接受、發現、嬉鬧遊戲並彼此欣賞。當然生活從來都不是非此即彼。我們身上也總是兩種情況交替出現。如果你的生活被劃分為兩部分，一種關係中是父母，另一種關係中是情侶，你內在的分裂也必將顯現。雖然你已與原來的伴侶分手，彼此間仍會涉及金錢、義務、子女教育、約定和責任，與新伴侶在一起又重新煥發出生活的熱情、自由，體會到探索的樂趣。與他一起，擺脫了家庭和社會的制約，將始終被壓抑又不斷推動我們的渴望釋放出來。我們努力與這個人在某種意義上共同成長。

離婚意味著切割舊傷痛

與原有伴侶在一起的生活十分符合我們從小接受的家庭模式。儘管曾經發誓一切不會重蹈覆轍，我們和伴侶還是一起經歷了所有的家庭固有模式，甚至照父母養育我們的方式，把自己的孩子養大。我們出生成長的那個「家」，化身為原有的伴侶。在那個家中，我們受到種種制約，受過的最深的傷害也源於此。隨著離異，我們終於離開這個「家」，感覺重獲自由。但是，一切舊痛苦與難以擺脫的依賴都與原來的伴侶不可分割。我們再次在兩個伴侶之間游走，只是這次將自己內在的緊張投射到兩個不同的人身上，來判斷他們的對錯。

通常一段新關係只有在不被依賴和責任拖累的情況下，才能保持真正的魔力。你可以觀察一下，當孩子和金錢在你心目中的意義越來越重要時，這段關係會發生怎樣的變化。你會發現，即使兩人已分手，仍然還可以用各種毀滅手段無休止地報復，用充滿責難和痛苦的想法折磨彼此。已分開伴侶間的問題和緊張關係能延續多年，甚至終生無止盡，激起的熱情與奉獻彷彿沒有離婚。我認識很多離婚者，他們都慢慢發現，沒有什麼能比攆走對方、遷出共同的家、離婚更令分手刻骨銘心，拒絕和仇恨甚至能跟愛一樣，將兩個人緊密繫在一起。

你會說：「但我總不能為了維持一段消極的感情而不惜付出任何代價吧？要繼續留在一個毆打女人的男人身邊嗎？或繼續接受一個撒謊欺騙的女人嗎？」不，我並不主張彼此忍耐，也不贊成貌合神離的關係。我看到這樣的伴侶，常常為他們悲哀。太多的人放棄尋找共同的道路，而是逐漸淡化彼此間的吸引力。他們沒有在人生旅途中互相扶持，而是疲憊不堪地僵持在路上。

一位智者曾說：「如果你想擺脫身上的鎖鍊，就要學會去愛那鎖鍊。」坦白說，我用了很多年才體會到這句話的真實含義，並將它應用到我的婚姻中。無論是離異，還是繼續生活在一起，如果是不惜代價只為了達到這目的，我都不贊成。對我而言，生命的活力、可靠性與真實性比是否離異更有意義。這本書能激勵你再次發現自己，戰勝自己。希望你能從中得到鼓勵，去揭穿生活中的謊言，發現真正的可愛之處與活力。這條路是通向你自己的最佳捷徑，它會把力量、愛和熱情重新帶入你的生活。

發自內心尋找自我

魯道夫．沙爾平（Rudolf Scharping，德國前國防部長，德國 RSBK 總裁）在結婚三十年後愛上了伯爵夫人克莉斯蒂娜．皮拉提（Kristina Gräfin Pilati）。他曾在公開場合說：「長久以來，我一直把政治當成了生活。」沙爾平和許多男人一樣，長年在政治生涯與情感生活之間、本人與公眾形象之間劃上一條嚴格的界線，新的愛情讓他煥發出全然不同的活力。這位僵化刻板的政治家剃掉鬍鬚，戴上新眼鏡，開始穿舒適的休閒服，容光煥發地與他的新妻子一起公開亮相。「我非常渴望新生活，希望能體驗沒有體驗過的事。」他公開表述自己的感受，甘願為此受到嘲諷和批判。

許多人離異，是因為再也無法忍受一直以來扮演的僵硬角色。許多男人為了事業，不得不將自己束縛在道德緊身衣內。隨著事業發展，他們被禁錮得越來越深，直到有一天突然窒息，再也無法忍受這樣的制約。於是他們離開妻子，認為這樣就能從困境中掙脫出來。沙爾平也是如此，好像他必須狠心脫離原來已適應的家庭生活，才能最終找到真正屬於他的世界，找回他的本原。皮拉提只是他第二次透過新伴侶找回自我。對她而言，這個男人已經是她的第三次了。

如果尋找自我的努力不是發自內心，僅僅由於和另一個人相遇而觸發，那麼其影響會特別強烈，甚至爆炸性地滲透到當事人生活各層面。完成一個轉變過程也許需要花上幾年，在這段時間內有意識地判斷和選擇，個人以小步前進成長，並鼓足勇氣完成啟蒙工作。然而，一股颶風席捲了沙爾平一直以來平穩規律的生活，尤其身為公眾人物，媒體早已習慣他刻板且有代表性的角色。

就連沙爾平也無法向公眾解釋，一個能在危機關頭對部隊下達命令並承擔責任的人，為何會如此輕易地被情感浪潮淹沒？為了維護新感情，滿足自己向公眾袒露真實情感的需求，在媒體製造的輿論下，沙爾平結束了部長生涯。從本書觀點來看，此舉恰恰為個人成長創造了新的可能。沙爾平雖然犧牲了政治前途，卻有機會認識真實自我，擺脫原本大權在握卻欠缺真實生活面向的角色。他戰勝了這個危機，也獲得了改造社會領袖人物所需要的內在力量。

將皮拉提與沙爾平結合在一起的神奇力量，讓他們的生活完全不同於以往的婚姻。他們提升了想要溝通的願望，以及為了愛情堅持不懈的勇氣。沙爾平在第一次婚姻中為了政治犧牲了一切，而現在，他不願再限制自己的感受，隱藏自己受的傷。他決心在公眾面前坦然說真話。皮拉提伯爵夫人也在一次訪談中談到：「當人們年紀更大些才會發現，愛本身非常寶貴；還能去愛的人是幸福的。」

他們兩位似乎從愛中學到不少，但這不是新伴侶的功勞。兩個人之間的致命吸引力也不過是一段疾風暴雨式的開場，給單獨存在的個體力量與勇氣去放開自我。與皮拉提伯爵夫人共同生活了一段日子後，沙爾平說：「蒂娜和我在這三年裡經歷了煉獄的考驗，我們終於能逐步建立並鞏固我們的共同點。」

新伴侶如同一個新挑戰，讓我們再次拾起早已遺忘的夢想。從他們身上，我們能發現藏在自己身上的一些特點。當我們對外展現出新發現的自己，內心會有東西甦醒。如果遠離了原本的道路，對生命活力的饑渴長久以來得不到慰藉，我們就必須從舊有關係狹小僵化的空間突圍出去，進入一個全新且通常被視為禁忌的空間。我們真的因此跨越了自身設立的界限，常常違背社會道德規範，祕密找一個情人，為了從他身上發掘被束縛的自己、以為已經死去的自己。

沙爾平曾經長期將政治與生活混淆在一起。經過幾十年僵化的生活後，他十分期待能有所補償，去體驗從未體會過的一切。這個男人對尋找自我充滿渴望，為此，他願意敞開心扉。他遇到一個能使他重新認識自己的女人，他鼓足勇氣，為了不計代價死而復生，為了袒護自己真實的感受，為了坦白面對自己，甚至讓自己成為笑柄，拋開為了讓社會接納而戴上的面具，不再犧牲自己去做親切友善的表面功夫。在一次訪談中，有人問他：「您從政三十年，獲得了哪些真知灼見？」他答道：「凡是危害到自己的信念、個性和個人幸福的事，絕對不要去做。」

伴侶不是問題的根源

引發人生地震的原因不只是新戀情，命運重擊或一場大病也會造成大震盪。這些人生突發事件會使人全然麻木，但也能讓人回頭來關注自己，找回自己的力量，回到原本的道路上。我們不斷讀到這樣的故事：遭受突然打擊的人重新發現了生活的樂趣，鼓起勇氣與命運抗衡，煥發出熱情。

那些戰勝重癮的人也會勇氣倍增，激發出令人難以想像的力量。他們在癮中尋求身體上的滿足、精神上的充實並緩解情緒，對藥物的依賴反而更深了。在戒癮過程中，他們經歷到各種沉淪，在麻木、脆弱、貪婪和無情中掙扎。擺脫癮使他們最終發現自身真實的力量，有時甚至可以探觸到最內在的神聖核心，噴湧出難以抑制的創造力和發自內心的生活動力。

這些我們都可以在日常生活中經歷到。我們也可以與現有伴侶共同深入發展感情，只需要自己掀起風暴，讓拍高的浪潮將我們帶起。我們必須鼓起極大的勇氣，說出內心真實的話並照此生活，哪怕會因此傷了周遭的人和伴侶的心。我們必須走出舒適圈，結束彼此的冷戰、出於惰性的妥協、對自己的保護和空洞虛偽的友好。用一切言語和行為做好準備，甘冒不再被愛，不再被對方理解的風險。

尼采將婚姻描述成一段「對話」。為了這段對話能持續下去，人們必須堅持信念，在每一段長期關係中，與伴侶就心中想法和感受，不斷以極端的方式交換意見。這樣，他們才能共同面對恐懼，認真對待彼此的不同。

我不認為這條路很好走，也不認為不分開會比分手更輕鬆。但我相信，這會讓人更滿足。坦白講，我之所以如此熱衷於維持原來的婚姻，更多是出於實際而不是出於道德的原因。生活一再向我證明，沒有什麼事情會比一再戰勝自我並不斷在更深的層面與自己相遇更難。為了真實地與自己相遇，首先要與另一個人真實地相遇。這樣的相遇會日漸證明，我們並不需要從中得到什麼。

我的意思是，每次我們確定需要什麼，就會隱晦地表達出我們是脆弱的，不完整的。每一次當我們發現自己不再需要什麼時，自我價值感就在提升，愛的能力也在提升，並且產生了充實感。這意味著，從降生那一刻起，我們在活著時可以放棄的東西，都會使我們覺得更安全，更舒適，更自由。成長意味著我們能夠一點一點地放下需求，而不是總希望得到新東西。

關係問題總會涉及到如何尋找自己所欠缺的：一個理想的伴侶，許多關懷和愛護，當然還有愛情。我們看起來是在尋找更好的另一半，事實上，我們是在尋找醫治自己的可能。留住婚姻並理解此舉的價值所在，就得到了成長和治癒的最大機會。伴侶能迅速準確地進入我們的內心，這一點連世界上最厲害的諮商心理師都比不上。他每天都在促發我們灰暗的一面，每一次想要擺脫他時，我們應該意識到，是他在幫我們發現自己內心的妖魔並清除它。

我們必須承認，伴侶不是問題的根源，而是幫助我們發現問題、解決問題的救星。只要認清這點，遇到所有不快且難以接受的觀點時才能保持自我，去完成自己的工作。這樣毫不留情地對待自己，專注地面對自己，我們就能與伴侶一起不斷地突破：不斷加深彼此感情，獲得越來越多自由，力量逐步增強。我們的伴侶關係會改善，並連帶改善與孩子的關係。孩子好，我們的社會也會好。

彼得．羅素（Peter Russel）認為，伴侶關係就是當今西方社會的瑜伽。他用的「瑜伽」一詞本意是「工作」，特別是精神領域的工作。羅素理論的核心是：我們應該利用與他人的關係，使之成為瑜伽冥想的方式，好進一步發展我們自身和當前社會。

在過去幾年裡，我接觸了許多對婚姻失去信心的人。他們由於心灰意冷最終選擇離異。但我確信，如果這些離了婚的人能夠更瞭解親密關係的意義和目的，瞭解它的發展階段和自然規律；如果他們能在婚姻的瑜伽練習中堅韌不拔、始終不渝地堅持信仰，其實大部分婚姻是能夠維持並發展下去的。婚姻瑜伽能帶來樂趣，使婚姻變成冒險，也可以神奇地改變你的感知。在規律的練習中你會發現，真實、成長、開放、勇敢和給予，比獲取更令人興奮。

第2章
你結婚的動機本來就錯了

可以說，最原始的不完整感是事實，我們降生在這世界，在出生那一刻就注定只能是男人或女人，從來不完美，只是完整「一」裡的「一半」。想要找到一個對的人就不那麼羅曼蒂克，相遇也不是那麼偶然，更像是被迫且必然的渴求。從這個角度來看我們的生活，總會覺得自己還缺少什麼，想要抓住什麼來填充心靈上的空洞和生活中的缺憾。

由於我們總是在社會環境和家庭氛圍中接受各種暗示和教導，為了獲得幸福，必須找到某個個體或某些東西，因此常常處於焦慮中。在對的男人出現之前，我們注定是孤獨的；只有新的女人才能帶來獲得愛和溫柔。還有許多其他諸如此類的看法，意味著，我們想要從伴侶關係中獲得我們欠缺的東西。於是我們各自行動，去尋找能使我們感到幸福並獲得生命力的兩人世界。恰恰這一點，注定我們將陷入困境。為了不再孤獨或最終感覺幸福而去尋找感情，就如同一個殘疾人為了不再跌倒去尋找拐杖一樣。結果顯而易見。

兩個獨腿人想要學跑步

任何一段現存的感情，無論開始時多幸福美滿、吉星高照，遲早會因為我們內在的期待、要求和緊張恐懼走向毀滅。就像一個獨腿人，為了能行走去尋找另一個獨腿人。兩個人湊到一起，便以為他們有了兩條腿，可以像健全的人那樣行走。所有問題似乎得到了解決。在最開始的快樂時光裡，他們甚至忘記自己從前只有一條腿。他們相互扶持，合力朝著同一個方向奔跑。直到有一天其中一個希望改變方向或速度……另一個突然想起自己只有一條腿，他們無法繼續前行，開始跛行，摔倒在地。他們不假思索地將自己行走困難甚至摔倒的責任，以及所有的先天不足都推到對方頭上。每個人或多或少都曾在與另一個人相處的過程中經歷過這種情景，突然間我們感覺少了什麼，溫柔、依靠、安全、激情、關注……而從前那個伴侶是罪魁禍首，因為是他將你需要的一切都帶走了。

如果你總是用單腿狀態進入一段感情，並因此覺得自己需要另外一半，期待他來幫你，填補你缺失的另一半。這樣的期待恰恰為衝突乃至分離奠定了基礎。你的伴侶無法帶給你你所期待的幸福。開始時，你也許還在奢望新伴侶能為你的生活帶來美妙的新氣息。但隨著時間過去，當他不再像你當初喜歡上他的那麼好時，當他不再或者無法滿足你、讓你感到充實時，你當初選擇他的那些優點，恰恰會令你日後無法容忍和詛咒。

在一個伴侶關係訓練課程中，一對夫妻面對面站在大家面前，他們四目相對，距離不超過半公尺。在此之前，丈夫覺得他們的婚姻陷入了極大的困境，而現在，他希望能與妻子言歸於好。在治療中，他開始一步步接近妻子。每一步都不輕鬆，時而伴隨著眼淚，時而伴隨著沉重而麻木的步伐。在這個跨越過程中，他意識到自己在過去的日子裡已與妻子遠隔重山。現在，他在眾目睽睽之下，脆弱而勇敢地站在她的面前。接下來很長一段時間裡，訓練課程的老師要求他注視他的妻子，真正接近她，真正看清楚她究竟是什麼樣子。突然，他震驚甚至有些驚慌失措地看著老師，因為內心震撼而有些結巴：「我因為錯誤的動機與她結了婚。」老師面帶微笑地對他說：「我們都是因為錯誤的動機而結了婚。」

結婚的理由不復存在，伴侶卻還在

女人與男人結婚，是因為他們功成名就、世故灑脫、身強力壯，能獵捕猛獸、處理資產或床上技術嫻熟；是因為他最終會跟她父親一樣，或完全不一樣；是因為他是她孩子的父親，或因為她的女性朋友都對他崇拜得五體投地；是因為父母已將她許配給他，或她能得到金錢，要不就是護照。

男人與女人結婚，是因為他的所有夥伴都覺得她魅力十足、令人傾倒，或她的外貌無可挑剔，有著誘人的臀或金髮；是因為她能激起他的慾望，使他渴望征服她或她能把男人調理得舒舒服服；是因為她能像自己的母親那樣，甚至比母親更擅長烹調，或他希望有一個家，需要有人來欣賞、讚美他；是因為他需要性，或害怕孤獨。

我們可能會出於以上任何一種理由結婚，但大部分這些讓我們下定決心踏入結婚禮堂的理由，會成為日後的災難。功成名就的男人可能離去，也可能失敗；漂亮的女人會出現皺紋。使人下定決心結婚的理由，往往如幻影般很快變化或消失無蹤。希望從此變成了貪欲，什麼都不能讓我們滿足。美麗會變得枯燥無聊，成功也沒法帶來安寧與保障。我們需要更多成就、更多美麗、更多關注、更多支持、更多性生活。在慾望驅動下，我們終有一天會感到內心極度疲乏，或者會覺得伴侶關係讓自己逐漸窒息。我們長期得不到滿足的欲求，可能會很輕易被一個新伴侶所滿足，因為他允諾給予更多滿足，讓我們更充實。

如此，所有促使我們下定決心結婚的理由，都是草率倉促且搖擺易變。事實上，它們只不過真實顯示出我們自己內心的貪欲。因此，回到自我本質，揭開伴侶關係的真相成了最重要的一步。由此你可以理解，你究竟是為什麼跟這個人結婚。「當然，因為我愛他！」這是大部分人的回答。但是你應該明白，「我愛你」三個字比世界上任何一句話，都可能包含更多的歧義和誤解。這三個字表達出來的意思，幾乎很少與我們選擇的這個人的完整性與真實性有關，卻事關更多說話者自身的需求和願望。

「我愛你」的第一個字是「我」

說出「我愛你」時，你是否有勇氣認真思考一下它的真正意義？不管怎麼說，這句話是從「我」開始的，這個「我」有過濾作用，將我們經歷過的一切：愛的經驗、出生時的印記、未曾說出口的期待以及沒能得到滿足的渴望，都深埋在那句感人的「我愛你」之中。它所表達的，或許與那個你選做伴侶的人沒什麼直接關係。

你說的「我愛你」可能包含了以下含意：我愛你，因為大家覺得你魅力非凡；因為你功成名就，生活富裕；因為你為了得到我一直不斷表現，努力奮鬥；因為你有創造力和想像力，擁有我期望擁有的一切；因為你和我如此相似。

在無意識的層面，你說的「我愛你」有更多不同的含意：我愛你，因為你與那個傷害過我的人完全不同；因為和你在一起時的疏遠感覺，與和我父親在一起時如此相似；因為你看起來像我母親那樣無助，令人憐惜；因為我如此貧窮，而你看上去卻如此富有；因為我害怕孤獨。

一旦確實瞭解了你結婚的動機，你就更接近了一個沒有經過刻意修飾和隱藏掩蓋的真相。也許你會感覺其中似乎缺少了什麼？就是你的渴望、入不敷出，還有你心靈上需要其他人來填補的空洞。另一個人的優勢就應該正好是你所欠缺的，於是伴侶關係中的問題總是圍繞著你的欠缺。事實上，這些問題都植根於你那套扭曲錯亂的程式，而這套程式早在你與他相遇之前，就已經在你心裡編寫完了。

冰山的一角

我們每個人都背負著各種或大或小的精神重擔，其中大部分我們意識不到，但卻影響著我們的行為。我用一個小小的例子來說明：請你把雙手的大拇指與食指指尖相對，構成一個三角形，我稱之為冰山的一角。它展示出你身上從外部能被你認知，並且能被其他人看到的部分，也就是你的顯意識中存在的部分。這就是陷入愛情和相信自己能碰到夢中情人的那部分，也是有一天讓你對另一個人說出「我愛你」的那部分，使你站在結婚禮堂說出「是」的那部分。

現在，請將手指組成的三角形抬到額頭的高度，想像一下，伸直的前臂是你食指的延伸。現在整個冰山呈現在你眼前。手指構成的小三角，能使你戀愛並找到更好伴侶的部分，僅僅代表著你身上浮出水面能被人看到的一小部分冰山。你卻面對這一部分說：這就是我。

事實上，你的真實存在，你完整的人格結構，是沉在水面下更大的部分。這裡沉睡著被意識驅逐出去或從來不曾意識到的一切。凡是家庭所不允許的，很久以前就知道是沒有價值、不受歡迎的；凡是曾令你痛苦，讓你寧可壓抑下去或乾脆忘記的；凡是你從沒理解過、接受過，以為從中得到解脫的，都被擠壓在這裡。所有一切，凡是你無法信任的：那些舊有模式、童年的早期經驗、所有的痛苦、傷害和恐懼，以及你至今還沒利用到的潛能、發揮過後的生命活力和還沒有激發的愛情。一些難能可貴的品質，從前原本很自然地屬於你，而現在，因為沒有空間，沒得到相應的反應被擠壓到水面下，變成了臆想的惡劣部分。沉睡至今的活力和興趣、被禁止的慾望和本能，在此轉化為攻擊性、羞恥心、貪欲和仇恨。最終我們會因此譴責自己，因為我們已忘卻，它們在轉化之前原本是一些優秀的性格特色。

我們擁有的這些自然屬性和自我壓抑能力，如同被關在籠裡的豹，牠原本風度翩翩、充滿力量、動作靈活，應該活躍於大自然中，在那裡按本能行事，與整個環境和諧相處。人類剝奪了屬於牠的自然環境和自由，把牠塞進籠子裡，使牠變成難以捉摸、有攻擊性的危險動物。同樣，所有我們今天認為危險的、意識不再願意感知或不再允許的一切；所有在價值體系、教育體系和社會環境中沒有空間的；所有從前被看作是一個「壞孩子」時不予重視的一切；所有我們今天認為不適當、該遭到譴責的，經過種種擠壓，都被封閉在冰山裡。

冰山模式也適用於你的伴侶。當兩座冰山露出水面，更準確說是浮出意識表面的冰山一角，懷著對對方應有的敬意和內在渴望，漂洋過海彼此接近時；當他喃喃輕語「我愛你」時，水面下的冰山卻發生了完全不同的變化。在那裡，各種諸如「我愛你」、「我愛你，如果你照我的意願去做」、「我愛你，如果你像我父親那樣」的想法中，可以對伴侶關係產生好的影響。但更多時候，水面上那部分正在計畫著美好生活，水面下的部分卻可能因為被遺忘的舊傷口而出現矛盾衝突，被封印的魔鬼可能不斷地從打開的瓶子裡冒出來。

那些一直封印在瓶中的魔鬼，事實上就像一些不被關照、可憐無助、嗷嗷待哺的孤兒，有自己的行為邏輯。由於它們幾乎是我們孩童時代的產物，作用方式和行為模式也就跟孩子一樣。當你在水面上向伴侶呼喚，希望更深地去愛他時，這個受傷的孩子蜷縮在水面下某個角落，擔心會遭到遺棄；在我們渴望給予並深愛對方時，潛意識裡則埋伏著各種有破壞力的陰謀：消極的行為、分離、自私自利、恐懼和誤解。

我們內心有個沒長大的孩子

我們怎會如此分裂？我們的行為為何如此瘋狂？從出生那一刻起，我們「只能」是男人或女人，讓我們一直在為讓自己變完整並更加完美做努力。這種本能的深層願望，在孩子身上的表現與成人完全不同。當我們還是孩子時，從來也不會想去尋找正確的另一半、正確的父母和獲得認可。兒童的生活經驗幾乎完全是被動的：我們只是一個具備接受能力的有機體，除了接納和吸收周圍環境給予的，我們幾乎沒有其他想法。我們貪婪地吮吸營養、溫暖和愛憐，也吸收了干擾、錯亂、虐待和拒絕，我們幾乎接受了所有遭遇到的和世界上現存的一切。

孩子正是處在這種對一切不加選擇、全盤接受的狀態：只要得到足夠的營養、照料和關愛，我們就能成長。而在整個過程裡，哪裡缺乏成長必須的條件，哪裡的成長就會停滯。隨著時間推移，每個個體會形成不同的性格，這些性格中或豐滿或缺失的部分，便構成了一個人的人格個性。這意味著，一個人的個性必然與其形成和發展過程相適應，個體在這過程中受到的挫折、傷害、虐待或忽視，以及營養不良等，都將在其性格上打下鮮明烙印。如果嬰幼兒時期有一些基本成長條件無法得到滿足，今天就會在我們身上體現出來，我們會如同一個饑餓、焦慮、容易受到驚嚇的孩子，去面對世界並採取相應行動；如果在青春期受到傷害和虐待，或者受到打擊創傷，內心就會有一部分停止發育，在日後處理各種關係時採取我們所遭受的方式去應對。早期的負面經驗持續時間越長久，創傷程度越嚴重，在性格中留下的烙印就越明顯，今天引發的效應就越強烈。

如果你很難理解這一切，可以想像一下一個大家庭：每次，當這個大家庭受到打擊和傷害，或出現供給不足、精神創傷時，就會有部分家庭成員由於得不到充足供給和照料而停止成長，或為了另謀生路而離開家庭。這個當年被迫離家的孩子在成年後，也會組成一個自己的大家庭，成員也包括嬰兒、正在長大的孩子、青春期的少男少女。對成年的他來說，生活中的障礙恰恰是他內心那個沒有長大的孩子在以自己的方式，要求滿足從前不曾被滿足的願望。這個內心小孩渴望找到能養育自己的父母，不願成為和另一個人共同生活、強有力的健康伴侶。他在尋找接納沒有界限的愛，但他缺乏一個明白的「我」的概念，不能以成年人獨立的方式與另一個人相處。

我們希望自己能理性思考，獨立自主做抉擇並展開行動，但是內心這個小孩卻在自動運作：他停留在過去那個凍結的情境裡，以此為出發點觀察當前的世界，並將過去因遭到打擊、成長停滯而產生的負面感覺，統統帶到新狀態中來，也帶來了與我們相處的這個人。這意味著，這個內在孩子不問青紅皂白，不管背景情況，毫無意識也沒有理性地便將童年模式帶入，並且一再重蹈覆轍。比如說，如果小時候經常挨打，成年後，在沒有理性思考的前提下，他也會一再去尋找會毆打他的伴侶；同樣的，酗酒者的兒女日後也常常會與酗酒的人結婚。那座充滿過去故事的冰山，不僅會在我們婚姻出現問題時發揮作用，它對我們的影響早在形成時就已固定下來。

蟄居在體內的這個孩子，會在任何可能情況下以令人意想不到的方式冒出來。有時別人比我們自己能還更清楚地感覺到他們存在。我在女性身上常常看到這樣的情況：當她們與男人的距離越來越近時，便無法再認真對待男性權威。即便這個人擔任重要職務，擁有特別的專業知識和高級職權。「也許他是中國的皇帝，但是當他坐在我身邊時，看起來就像個小男孩。」這些女性感覺到，在公開的個性之外還有一些完全不同，有時也許是非常孩子氣的特徵。這些特徵也許從外部不能完全感知，因為它們被權勢的姿態或權威的表現掩蓋得很好，但在私人接觸逐步增加中，就會不斷且越來越清楚地感知到那個內在小孩。

就在我們戀愛時，在大家庭中未成熟的部分人格也會插手我們的感情，其程式會準時自動啟動。雖然我們強烈渴望與一個理想伴侶共享和諧關係，卻仍會把過去的痛苦經驗帶入今天的關係裡，在無意識中去尋找理想的另一半。但是，被我們看做理想伴侶的人，身上恰恰有著與我們的傷口相對應的傷口，他們也有與我們相似的冰山。水面下冰山蘊含的缺陷，恰恰好與我們的缺陷衝撞，使得我們兩敗俱傷，也使得水面上的我們從熱戀中猛然清醒，在恐懼、絕望與不安中驚慌失措，不得不拉開彼此距離。

水面上下部分分裂造成的迷惘困惑，正是造成伴侶最終分離的關鍵原因。我不只一次接觸到這樣的個案，他們明確對我說：「我要跟這個人分手，因為我對他不再感興趣，他對我來說已沒有任何意義。」人們總是因為心灰意冷而離異：「我已經盡力了，一切努力都無濟於事，情況沒有任何改變，我再也不能忍耐下去了。」我不斷體會到人們內心的分裂與矛盾，他們感覺自己被強行封鎖或隔絕。有些人一邊憤怒指責伴侶表面上的錯誤，又感到自己無能為力，因為沒有什麼能讓他與伴侶接近。所有的人，無一例外，不論你的伴侶關係目前處於什麼狀況，你都會尋找愛的可能。在伴侶雙方一同來諮商的情況下，憤怒和怨懟、外遇和分離總是與絕望情緒緊密聯繫在一起，與雙方渴望接近和解脫的願望密切相關。當他們有意識地去接近對方時，常常會感到十分困惑，對自己矛盾心理和分裂的行為感到非常陌生。

女人想要熱情，因為內心小孩想得到呵護

卡特琳娜就是在這種矛盾下來找我。對女人味、激情和情慾的追求令她疲憊不堪，對丈夫則感到再也無法忍受。她告訴我，她不想再讓丈夫碰她，也無法再與他過性生活，把他看成一個無用的廢物。但是當這個被她拒絕的丈夫晚上沒按時回家，她卻非常緊張。她害怕他再也不回來，自己就得一個人去度假或在家過週末。於是她又不得不常常請求他回來，想方設法把他留下來。當她的丈夫留在家裡，她卻又無法忍受與他靠近。他讓她緊張，於是她又開始爭吵，吹毛求疵地抱怨。卡特琳娜向我敘述這一切時，我能感覺到她十分迷惘困惑，並且非常害怕自己。她最終決定來找我諮商，是因為她想挽救婚姻。她說，不管怎樣，她還是愛她丈夫，但又無法忍受他。更讓她矛盾的是，她對自己如此冷漠地拒絕甚至厭惡他感到羞愧。她

在內心混亂中竭力掙扎，覺得自己快要瘋了。

卡特琳娜的情況只是我在諮商中遇到的無數個案中的一個而已，在他們身上能清楚看到人們內心的分裂。卡特琳娜與丈夫的關係在發展過程中受到干擾，這與她童年時受到的挫折有直接關係。許多孩子的願望和對外部刺激的反應，與成年人的型態完全不同。不管在哪裡，從嬰幼兒到兒童，從兒童到青少年，從青少年到成年人，只要在某一階段，家庭中的成長發育缺乏安全保障和充足供給，我們的情感和精神上就會留下空缺，像一個疤痕印在人格上。傷害與不足、缺乏來自父親或母親的足夠認可與保護，都會使我們的精神發育停滯在某一階段。日後與伴侶接觸中，這部分未能發展成熟的人格就會在潛意識中要求得到滿足。我們身上成熟的那部分人格能按照成年人的方式去對待伴侶，早期受到傷害制約而未能成熟的孩子部分，則可能顯現出困窘、恐懼、退縮的面貌。因此對自己的伴侶關係感到困惑與絕望。

就在卡特琳娜意識到自己因渴望性愛而憔悴之際，蟄居在她身上的孩子強烈渴望與爸爸親熱。卡特琳娜回憶起自己的童年，表現出極大的內心分裂：時間被分為「之前」和「之後」。「之前」她還是個幼小的孩子，那時她與爸爸一起無拘無束地玩耍、閒聊。當卡特琳娜敘述與父親在遊戲中身體接觸時，她的臉上煥發著光彩。「之後」，當她長到十歲十一歲時，這種聯繫突然中斷了。父親一言不發地從她身邊走開。卡特琳娜回憶說：「我想不起來，在那之後我什麼時候還坐過他腿上，或者與他有過親切擁抱。」有相似童年經驗的人不只卡特琳娜一個。

我們父母這一代人中，有很多父親在意識到自己的小女兒突然長成女孩時，會由於她們身體的變化而對父女關係沒有把握。羞恥心和拘謹出其不意地占據了父女之間。「我究竟應該跟她保持什麼樣的距離？在我內心激起的究竟是什麼感受？」所有一切都在無意識中發生，當事者內心卻能敏銳地感覺到。許多父親與女兒不知如何處理這種關係，便會在痛苦中一再體會到分離。對於不少女孩來說，成長為女人的發育過程在此刻變成突如其來的割裂。於是，一個程式在無意識中寫進了她們的精神中，內容是：「我沒有吸引人的魅力，男人都不想要我，我必須對身體接觸的慾望感到羞愧，我身體的茁壯成長會給男人困擾……」女孩們的身體繼續發育成長，她們人格裡的一個重要部分卻至此停滯不前。

為了真正理解這套機制，請你想像一下，卡特琳娜的例子不僅僅是一個女人與一個男人的問題，而是許多人的問題。想像浮出水面的冰山一角，你可以看到，在意識表面下隱藏著許多小卡特琳娜的輕聲提醒、猜疑，與不斷穿插的抱怨。

在水面上的冰山尖角上，妻子表示：「我愛我的丈夫。」藏在水面下的部分卻陣陣騷亂：在那裡，一個充滿活力的年輕女性渴望著激情與性愛，為此日漸憔悴，又對她的（父親）男人感到厭惡；在那裡，一個青春期少女渴望吸引眾人注意，卻又不允許（父親）男人觸碰她的身體；在那裡，一個成長中的女孩渴望得到溫柔的呵護，她能感受到身體的甚至是性的吸引力，卻也感覺到（父親）男人抵制這種需求的嚴格禁律，儘管這一切都不曾用言語表達出來；在那裡，蟄居著一個小小的孩子，渴望得到保護，內心卻又懷著極大的恐懼，生怕（父親）男人晚上不再回家，讓她一個人過週末和假期；在那裡，一個好女兒在父母面前感到羞愧，因為她沒能像個妻子一樣善待丈夫，反而一再冷漠地拒絕他；在那裡，女人身上的母性將男人視為無用的廢物、失敗者，因為他不能滿足孩子沒說出來的願望；在那裡，長成大人的卡特琳娜覺得自己很瘋狂，哪怕僅僅放鬆一下，感受自己出了什麼事，都使她無法承受。

如果這個例子已讓你在閱讀時感到困惑，那麼想像一下在日常生活中的情況該是多麼混亂無序。當兩個人逐漸走近，坐在一起時，他們無法瞭解彼此之間有多少不同的力量，如同戰場上各支部隊正頻繁地調動部署。人們可以接受經過數次交鋒後終於達到戰力平衡，彼此撤退到一定界線之後。如果不想馬上分手，那麼最好還是保持表面的交流，不要建立固定的關係，不要再次向前推進，以免整個隊伍，甚至連退伍老兵都不得不返回部隊，投入戰鬥，我們自身則在痛苦的騷亂中跌入深淵。

沒說的話，伴侶聽得很清楚

即便我們盡可能讓心或身體與人保持距離，限制在友好交流的層面上，相似過程依然會出現。當男人與女人相遇時，顯然不會只對對方說的話有反應，他們會感受到彼此間湧動的暗流，並採取行動。這種本能的機制與我們自幼成長的家庭有根深蒂固的關係。那個環境中具有特殊的情緒氛圍，這種氛圍是由在父親、母親以及其他家庭成員間湧動的暗流決定，對我們的影響遠遠超出父母口頭的指令和說教：在這裡，道德受到維護，生活和學習的目的被定義。然而現實與父母傳達的資訊往往沒有等號，這就產生了矛盾心理和不安全感。現實中的虛偽、虐待和爭執，孩子的我們不得不完全接受，儘管經常因此困惑迷惘。

這種情形對大部分成年人來說很普通。他們不會對其他人說出心裡真正的想法，而是將感受和意見簡化得四平八穩，一切保持在說得過去的狀態上，使自己的人際關係看上去一團和氣。但是這麼做卻一點用都沒有。人際交往是一種能量交換，重要的是資訊如何表達，透過何種方式傳達。我們對自己的伴侶說：「我今天做了這件事，還有那件事……」實際上，我們下意識裡要表達的是：「你真該為我驕傲……讚美我……反正你也不會……但你應該為我那樣做……」一般來說，一個主要訊息下往往隱藏著許多潛臺詞。有時我們在當時能意識到這些次要訊息或加以思考，但絕大多數時候我們對自己的真實想法一無所知。

不幸的是，伴侶間的溝通往往也是如此。那些我們自己意識不到的訊息，卻能被對方接收並看成是一種反應、要求或責難。比如說，他聽你說你今天做了什麼事，他會感覺你的言下之意是在指責他，他覺得受到責怪，於是拉開距離從你身邊走開。他自己大部分的反應也是無意識的，他無法解釋，你不過在跟他話家常，他為何會有如此反應。他甚至也意識不到自己已經拉開了彼此之間的距離，遠離了你。他只是覺得，他想看到你，聽你說話，情形卻不符合他的期望。

曾經有一件小事困擾了我和我丈夫很多年，從中也反映出那時我們之間關係的真實狀況：每當他走進家門，都會擁抱我。因此每當他就要回來時，我都會為此興奮。可是每次他擁我入懷，我又覺得不舒服。剛開始我只是覺得有點遺憾，直到有一天我終於發作，猛然從他的懷中掙脫，衝著他大吼：「你就不能好好抱我一次嗎？」他呆呆地看著我，丈二金剛摸不著腦袋：「我現在不是把妳抱在懷裡嗎？」沒錯，他正擁抱我，但我們之間沒有真正的交流。

然後爆發了大衝突，我們肆無忌憚地指責對方，當面數落對方的不是。在這次爭吵中，我們都得到了宣洩，之後我們拉開距離，平靜地看待我們的關係，重新找到機會接近對方。我們認識到，我渴望的是力量、保護和一些更強大的東西，我希望擁抱我的是一對強壯的男人手臂。丈夫的擁抱每次都像泄了氣的皮球，完全沒有男性的力量。他比我高一點，擁抱我時他都會很自然地把頭低下來，最後成了他倒在我懷裡。我們兩個在每天的擁抱儀式中都不想給予，都希望從對方那裡得到支持和保護。隨著每次相遇時的努力和期待，內心的挫敗感和距離感都在增長，我們之間日漸產生了一個中空的漩渦，內心需求卻不斷增強。當時，溫柔在我們的婚姻中不是一股力量，僅僅是一種需求。

現在我們可以嘲笑彼此把頭低下來鑽進對方懷裡尋求安慰的舉動。在經歷了無數痛苦掙扎之後，今天我們可以對我丈夫想在我面前變得越來越小、像小孩依偎在母親懷裡撒嬌這件事開懷大笑；我則希望終有一天能無所顧忌地躺在他身上，就像靠在父親寬闊厚實的胸前一樣。溫柔對任何一種關係都是不可缺少的靈丹妙藥。只有當兩個成年伴侶彼此真正接近和瞭解，溫柔才會像豐沛泉水一樣，在兩人之間汩汩流淌。

不斷有人（尤其是女人）對我說，他們的婚姻在幾年之後變成了精神與身體的荒漠，他們日漸麻木，感覺彼此越來越陌生。我自己對這種現象也有深刻體會。很久以前，我們第一次相遇時，就在家門口或電梯中瘋狂親吻，直到兩人糾纏在一起摔倒在地為止。但之後我覺得那種空洞的擁抱就像過度包裝一樣毫無意義。正是如此，隨著時間推移，「我愛你」也成了人們越來越機械性重複的空泛話語，日漸嫻熟卻喪失了力量。當我有一天意識到我們空洞乏味的言語，卻從中聽出了對昔日時光的召喚。有句格言說：「你只需要不斷重複。」在這段婚姻枯水期裡，我不斷回想起我們相遇後第一個月裡發生過一件少見的事：我們坐在汽車裡，互相訴說著愛，相擁而泣，因為我們必須分開一星期。

隨著進入婚姻生活，一切都變了樣。在每一句依然真摯衷心的「我愛你」中，都深藏著一段往日故事，呼喚著關注和療癒。每一句「我愛你」都包含著深切期待，渴望得到更多愛；我們用每一句「我愛你」要求自己在感情困境中成長，不斷強化愛的能力。

結婚，是為了治癒

可能你也喜歡看大團圓結局的好萊塢片，也許你打開這本書翻閱時，期待過能透過定位系統找到通向真實自我和偉大愛情的唯一管道。也許你覺得我清醒得可怕，一點都不浪漫，竟然像病理學家面對沒有生命的組織結構一樣剖析一句「我愛你」。也許你現在覺得灰心喪氣，因為你瞭解到，在意識層面上戀愛中的自我底下，隱藏著一座充滿掙扎與恐懼的巨大冰山，你不得不背負著這沉重的負擔去生活。也許你正在想：這個女人真倒胃口。這本書到現在一直繞著早期傷害造成的痛苦和與之糾纏的複雜關係，人是否該沒完沒了地分析自己兒時的經驗？難道這一切都是我們惡劣父母的錯？也可能你正在問自己，既然一切只是為了自我滿足，為了得到，攪起的總是舊有的恐懼，這些潛意識中的恐懼因為一直被壓抑，因此有極大的破壞力，那為什麼還要和某人發展確定關係呢？

這本書的目的不是要把你推進混戰的人群裡，也不是要縮小往日大大小小傷口所留下的疤痕，更無意促使你用放大鏡檢視自己的童年。完全相反，接下來我要告訴你，就在今天，從現在開始，就在這裡，你的眼前，一切都在生命中等待著你，你為了療癒關係所需要的一切都在這裡。但至關重要的是，我們要知道，在自己和伴侶身上，在每一個人身上，都有被壓抑的傷痛和一些被抑制的人格，它們仍在影響我們的生活。

我不是想說動你去做心理分析，只想讓你意識到，你可以從一個全新角度去看待你的存在，以及你與另一個人的關係。每個人身上都留著過去未曾消化的老故事，它們仍然在影響我們今天的生活，為原本生氣勃勃的人生穿上一層無法看透的鎧甲。正是這層鎧甲阻礙了我們的幸福，不是我們的伴侶。我再重申這一點，因為這關係到如何實現意識層面的革命，如何逐步用新想法改變根深蒂固的舊有慣性思維：周圍的人只是導火線——他們越靠近，引發作用就越具體——因此也成為我們療癒創傷道路上的忠實僕人。他們伸出援手，讓我們有機會一遍又一遍地改寫舊程式，探索內心深處的願望，讓傷痛得到撫慰和治療。

第3章
伴侶只是你劇本中的一個角色

一段感情能否順利發展，在於兩個人的內在衝突能否平衡。因此，每一段感情應該能讓在一起的伴侶發現彼此的優勢，並瞭解對方。當你的伴侶能準確觸碰到你的痛處時，你應該感到高興才對。你該感謝上帝給了你一個這樣的伴侶，因為在完美伴侶的成長道路上，絕對有必要去關注曾受過傷害、有破壞力、會限制我們今天行為的那些部分。也許你仍然不太願意接受這個觀點，但如果你希望能好好建立和改善自己的關係，就必須盡可能去瞭解水面下的冰山。這麼做看起來像是自討苦吃，但如果你瞭解了其中意義，就能體會到好處——因為每一段消極、痛苦以及毀滅的經歷，都蘊含著能促進我們成長、推動伴侶關係發展的力量，這些潛在力量都在等待我們去發掘。

為了使這一切順利進行，你必須先認真對待自己的恐懼、消極情緒和內心的痛苦。這不意味你應該一頭栽入抑鬱的深淵。也就是說，不要把注意力集中在日常生活瑣事，而應該更關注內心由於對方行為而產生的變化。如果你逐漸學會以這種方式觀察自己，你就先幫助自己提高了真實面對自我的勇氣。每一個走上這條路的人都會有驚喜，有時還會對自己心境的改變訝異不已。我們會看到自己身上存在許多大大小小的責難、羞恥和防禦心，它們妨礙我們對愛情和幸福的追求。一旦你開始探究自我，根據自己的調查結果做判斷，你就會開始改變——不知不覺中你會變得更溫柔，情感更豐富。

在生活不斷實踐中，你會逐步改變自己的看法。那些一開始被你看做是愛情殺手和關係蛀蟲的因素，其實為你清除了障礙，使你能順利踏上通往真愛的路。住在我們冰山裡的並非是詭計多端的妖魔鬼怪，實際上是幫助我們走出深淵的良師益友。冰山是百寶箱，裡面裝載著我們完整的生活，每一次呼吸、每一種感受、每一個思想，都完整地保留在冰山裡。冰山就是我們的存在和自身。我們的愛情和內心關注的焦點，也都與冰山直接相關。我們應該與冰山一起投身充滿激情的愛情故事，它應該成為我們感情生活的一部分。

相愛是為了不必去愛

冰山總是影響我們的感官，即便對意識和理性來說完全不是那麼回事。冰山是最絕妙、精緻、完美的工具，凡是理性和意識無法理解掌握的，都可以透過它來推動。我們認為，浮在水面上能夠被自己和別人感知到的三角形，那是愛情中的自我。我們在這裡做決定，採取行動，彼此相愛，想要相愛且永遠在一起，直到死亡將我們分開。然而我們實際做的卻是另外一回事：在這裡，我們描繪人生藍圖，不斷制定迴避衝突的新策略，好讓我們遠離痛苦和貧乏。然而正因為這樣，我們與真愛和無數的可能失之交臂。

一旦事情變得令人不快，我們立刻想方設法彌補。被什麼弄痛了，馬上去尋找止痛藥。當問題出現，自己的感覺不符合自己的期待，我們會立刻逃避，躲入種種可能的依賴中，或者尋找一個人，希望他能彌補我們的不足。一旦生活不符合自己的期待，我們會馬上想對策改善：我們想變得更有成就、更聰明、更被外界認可、更美麗、更富有，卻打死都不願承認，就在這一刻，我們感覺孤獨無助、醜陋貧乏、束手無策。

這種機制在單身者身上比在伴侶間更容易出現。他們之中許多人還來不及感受愛的快樂，或等到一段浪漫故事結束，就迫不及待開始尋找下一個目標了。我認識一個朋友，每次我跟他在飯店或酒吧見面時，他都在忙著獵豔，看哪個女人可以被他納入瞄準器，然後想方設法與她搭訕，或在她離開時把自己的名片遞到她手上。他隨時都在處理自己的感情，不是忙著征服新目標，就是與目前身邊的人爭吵，或哀悼一段剛結束的戀情。他正是以這種方式拒絕自己和內心深處的孤獨。

伴侶也有自己的迴避策略：由於害怕面對自己，在真正靠近彼此之前會先拉開距離，相對無言，把個人行程排得滿滿的，連家庭生活也用各種邀請、朋友聚會、郊遊、社交活動和業餘愛好塞爆。我常常聽到伴侶向我描述，他們雖然在一起安排了很多娛樂，卻對彼此完全沒有瞭解。我在諮商工作中也碰到過不少這樣的伴侶，他們中有一個人會在好朋友圈裡長期有個祕密情人，十分渴望在桌子底下和情人祕密接觸，或者在走道上一起與自己毫不知情的丈夫或妻子碰面。

如何對待這些外在義務，關係深刻的伴侶都有自己的方式。兩個人能從伴侶身上汲取強大力量，轉化成生活的積極動力。但是在大部分情況下，如果我們翻閱自己的婚姻生活日曆會發現，所有這些安排都是為了用忙碌來表達拒絕。忙碌不僅使我們與他人保持距離，也將自己的注意力從應該關注的地方轉移：遠離恐懼和傷痛——但是，唯有透過恐懼和傷痛，我們才能學會理解、親近和愛。為此，我們必須傾注全部的身心，鼓起勇氣調整自己。

你這麼軟弱

此刻我仍沒有希望你去做心理治療。把注意力轉回到自己身上很少需要心理治療。我們甚至不需要做什麼或改變什麼，只需在內在關注自己，樂意同情且誠實地觀察自己，感受當下的感覺。

克莉斯蒂娜來找我時，她正忙得不可開交。她總是忙著幫助人，或是照顧家裡的人。在我們的會談中，我發自內心詢問她究竟過得如何時，她的眼睛立刻濕潤起來，淚水滾下了面頰。每一次她都對自己的反應感到驚訝。每一次，哪怕只是片刻之間，她一感覺到事情只與她自己有關就會十分感動。儘管她隨後會開玩笑說我真的會魔法，能如此賺她的眼淚。其實非常簡單，我用一個簡單而真誠的小問題，讓她在一瞬間回到了自我。

這個簡單而真誠的小問題，其實已觸到了冰山的軀幹。我會在本書中分兩部分來闡述這個簡單卻絕對有效的過程。最終你會明白，所有你必須瞭解關於你自己的事，所有你內心需要調整的情緒和狀態，所有傷痛和恐懼，都會在你生活的關鍵時刻和關鍵地點冒出來——因此，你必須正視它們。

即便是樂於助人的克莉斯蒂娜，也應該換個角度關照自己的生活，哪怕只是突然停下腳步，用這個問題來審視生活：「我究竟想要透過自己做的一切向人表示什麼？」到處都有需要幫助的人，她總是被人需要，並且扮演著聖母的角色。這個簡單而真誠的問題也許能讓她回想起來，當她還是小女孩的時候，就不得不在家庭中扮演這樣的角色。她也許能看清，不論在哪裡，她總是不斷重複扮演著這個角色。

也許她能意識到，一直以來她是如何在尋找扮演這個角色的機會，又深受這個角色控制和壓抑，以至於她痛恨自己不得不這樣。假如克莉斯蒂娜最終能感知到自己的深層需求，感受到長期壓抑的淚水，並運用新的認知，就能阻止自己重蹈覆轍。

越是堅定貫徹地坦然面對生活，就能越快意識到，其實整個生活都像在按照同一本劇本在演。我在不同的國度生活過，至少搬過二十次家，更換過數次工作和伴侶，這一切都是為了讓我虛心學習人生重要的一課：無論我在哪裡，無論與誰在一起，無論我做什麼——獲得的經驗總是與我關照生活的方式直接相關。我們所有人都在這個世界上拍攝自己的電影，我們可以更換拍攝場地，替換演員——伴侶、工作地點和居住環境——但是感情和面對生活的態度不會變，因為劇本裡編寫的劇情都大同小異，演員都在重複演過的角色。因為編劇和導演正是我們自己，但我們大多都忘了。

如果你用這個方式去看待生活，就會處處發現它的蹤跡。我有個女性朋友，無論與什麼人初次見面，她都會悲觀地猜想，對方大概不學無術，或不夠高尚純潔。她首先會緊張地想，別人是不是在到處說她壞話，別人是不是知道太多她的事情。

我們曾經一起出去旅行。剛走進旅館房間，我們的感覺就完全不一樣：我站在陽臺上享受新鮮空氣和景色，她卻沒完沒了地琢磨這個房間晚上會不會太吵，因為附近就是餐館區。我們只好換房間。晚一點的時候我們一起去洗三溫暖。之前先在寒冬中散步了很久，烤箱的高溫讓我的身體非常舒服。她卻很快就出去了。後來她告訴我，她覺得烤箱裡很不衛生。她還問我有沒有聞到旁邊那位女士身上難聞的體味，是不是看到對面那位先生不太雅觀的腳丫？我都沒感覺到。

我們看到的世界，並不是世界本身——只是自己對世界的認識。在冰山內部深處，在我們內心的展示空間裡，無休止轉動的依然是那卷悲傷故事的老膠片。但是我們已很久沒有走進這間小放映室，大部分人都忘記它的存在。這個小房間確實存在，就像電影院在觀眾身後牆上那個放映室小窗。影片透過這扇小窗投射到冰山頂端，變成了銀幕上的巨大影像。影院如此完美，以至於我們根本感覺不到這只是一部電影。電影的故事如此迷人，讓我們忘記去嚼爆米花。

克莉斯蒂娜就這樣不斷以新的方式——有時甚至完全無意識——一再重複自己的童年故事。她接連參加助人行動，一件接著一件。於是就像從前一樣，總是有人——首先是她家中大大小小的男人——需要她照顧、幫助、關注。每到晚上，她已被整天的奔波忙碌搞得筋疲力盡，完全顧不上去想自己究竟過得如何。她每天碰到的情況看起來都很緊急，男人們孤立無援亟需幫助，似乎只有她才能讓他們擺脫困境。當我問及她對那個放映室小窗口有何感受時，她終於在一瞬間擺脫了電影的控制，為自己流下眼淚。她在這一刻回到了真實的自我，感受到自己的故事，也瞭解到自己的匱乏與需求——她終於一步一步理解到，為什麼她這麼氣自己的丈夫。

就在劇情演到緊要關頭，就在電影中兩個主角無法得到彼此的時候，我們伴侶的身影就會出現。在我們明瞭之前，放映機把壞人的影像投射在他身上。他就成為我們無止盡故事裡的一個主要角色。

這就是克莉斯蒂娜的故事。長久以來，她已無法看清丈夫是什麼模樣。只因為有一天他突然闖進了銀幕，從此開始扮演克莉斯蒂娜那部老電影中的男主角。克莉斯蒂娜抱怨說，丈夫什麼都不管，也從來不關心她究竟要什麼。儘管在他們相識後，她從第一眼就覺得他是她所認識的男人中最善解人意、體貼入微的一個。克莉斯蒂娜還有一個弟弟，在家中完全占據了母親的關愛和注意。他處處顯得比姊姊柔弱，於是處處受母親呵護寵愛。

她因為弟弟而極度缺乏關愛與照料，所有她想要吸引注意力的嘗試都是枉費心機，表現出柔弱的她甚至不被接納。她唯一能引起母親關注並得到讚賞的，就是像母親一樣，也對比自己弱小的弟弟百般呵護。長此以往，從她還是小女孩起，就接受了成年女性至今都難以突破的桎梏：女人如果想得到關愛就得幫助男人。男人軟弱無力，女人才能幫助他們。但是軟弱無能的男人卻無法包容成年女性。

你認為，沒有人會這樣缺乏理智地精準複製童年經歷；你認為，一個健康的人絕對不會受此類幻覺困擾；你覺得，總是和願意與我們老戲重演的人相遇，本身就是個奇蹟。這種機制也許難以理喻，也許這是幻覺發作，但它確實決定了我們每一天的感知。我們都跟克莉斯蒂娜一樣，按照這個模式過生活：無論誰在我們生活中出現，都會不知不覺地馬上被強加一個角色，進入我們習慣放映的老電影裡。

在克莉斯蒂娜的例子中，首先是丈夫和兒子推動這種命運，還有她生活中其他年輕或成年的男人。為了得到潛意識中期待的關注與愛，克莉斯蒂娜對所有的人悉數給予母愛。由於人的本性都喜歡選擇輕鬆舒適的路，於是大家都樂於接受她。克莉斯蒂娜在家庭中的地位，就像護士、幫工、看護。在她身旁總有人需要幫助，總有人一事無成。她不是去關照依賴她的人，就是成為眾人的庇護所。長此以往，她的兒子養成過度自愛的習慣，丈夫則越來越退縮。

於是，男人們變得越來越像從小得到母親偏愛的弟弟，使得成年的克莉斯蒂娜越來越覺得他們軟弱無能，這些人令她憤怒，想要抗拒。他們是克莉斯蒂娜再也不想要的人，卻是跟克莉斯蒂娜互動才變成這樣的人。她的兩個男人都擁有極大的潛能與智慧。要是她能鼓起勇氣去發現自己的本來面目，規劃自己的生活，若是她願意冒風險，為了自己的夢去尋找關愛，如果她不再像母親一樣去關照人，就不會在無意間讓他們越來越軟弱，全家人就會成長茁壯。在諮商過程中，有一天她終於明白了，她在自己家中重演著母親對她的拒絕，重複過著女人得不到關愛和不被接受的生活。

伴侶投射出你不想要的人

我們在克莉斯蒂娜的故事中可以看到，過去的糾葛可以轉換到現在的關係變成現實。她尤其發現，圍繞在她周遭的人都有困難亟待她救援，她卻從來不允許自己表達情感上的需求。她很少會哭，一旦哭了，她才感覺到自己內在的空虛、無助和脆弱。古典心理學稱這樣的模式為投射。「投射」一詞來自拉丁語的 proicere，意思是「扔掉」。意思是我們把自己身上某些特點放到另一個人身上，將自我的價值判斷和過去強加給別人。

然後我們會說：其他人需要我們的幫助與關照，他們都是弱者。透過這個方式，我們就將自己從來不曾滿足過的需求以及內心的脆弱，投射到他人身上。或者我們會說：其他人什麼都不關心，只關心自己，從不關照別人，別人需要他時卻老是不見他的蹤影。這樣一來，我們就把自身缺乏的自我關照、無力照顧自己、在無助中退縮與內心的矛盾，紛紛投射到另一個人身上。

我們為什麼會這麼瘋狂？我們怎能在毫無意識下做出這種事？答案仍然是一

樣的：我們背負的冰山正是透過這種方式治療過去的傷口。從前我們是孩子，無力去平衡，爭取認可、關愛和撫平創傷，我們全盤接受一切，讓自己完全被家庭接納。一些令我們痛苦的經驗就被排除到意識之外。

冰山將這一切如實保存起來，然後一再送回我們的生活中，讓我們改造利用。如果我們不能承擔整個真相，不能夠面對也不能接受，就需要把傷痛投射到另一個人身上。我們通常會譴責對方，把受傷的理由歸咎給他。一旦瞭解這種把自身傷痛「強加」給別人的行為，我們就能用好奇、研究精神和同情心來對待那個一直被我們指控、拒絕、害怕和譴責的人。如果我們先臆想拒絕對方的理由，從裡面觀察自己，就能找到以前看不見的自我——治療從這裡開始。

伴侶是你的照妖鏡

一旦你能接受這事實，整個機制就可能逆轉。你與伴侶的關係像一台水底攝影機，你們在什麼問題上起摩擦，在哪裡一再跌倒，各自尋求什麼——這台攝影機會向你們述說水面下冰山隱藏的故事。時間會證明，你會很高興與伴侶一同浮出水面，終於得到對方重視。

和伴侶的關係，如同一面掛在你面前的鏡子，它總是能反射出你沒看見也沒發現的部分，折射出我們內在的精神世界。我們身邊之人的舉動，展現的就是我們的人格。最親密的伴侶跟關係最密切的敵人一樣，能折射出我們本質中的核心。自己內心沒有愛，就沒有人能愛我們；我們不傷害自己，也就沒有人能傷害我們。

在冰山內尋找，找出其他人因為我們存在而盡情享受生活的證據，就能打破心中的海市蜃樓。意識到此幻覺，便能瞭解它，最後與它融合——不管怎樣，最後一步要在內心感知我們外在相信的一切，並把它們收回來。只有這麼做，才能深深感受到生活需要什麼，只要誠實面對自己，我們也會感受到自己跟別人一樣完整、廣博。你應該時常這樣問：「這和我有什麼關係？」這個問題能讓你立刻清醒，靠近自己。轉移生活重心，在兩人相處中整合我們的人格，使它成為兩人共同努力的核心目標，我們會變得更有同情心、更靈活、生活得更樂觀，不斷拓展自己的理解力，煥發出生命的力量和對生活的影響力。

伴侶是你不能忍受的陰影

晚間賺人熱淚的連續劇常常在探討人的需要、傷痛、缺憾。但在冰山放映室裡，等待我們的卻是日間不宜的驚悚片，裡面的壞蛋窮凶惡極。壞蛋雖然不討喜，在真正的電影裡卻常常是主角。你能否想起身邊有沒有你完全不喜歡的人，你總是在批判他，甚至痛恨他？或是有些人離你很近，卻會你欺騙你、侮辱你、利用你？這些人是你的陰影，他反映出你內心分裂的那部分——自我拒絕和自我仇恨的部分，向你顯示出你對自己的批判和罪惡感。

當別人的行為傷害到我（也許我還因此十分痛恨這個人），我該怎麼辦？當伴侶經常不在，有了外遇，對孩子很惡劣，常常施加冷暴力？當上司當眾讓我出糗，利用我好心剝奪我的權力，甚至讓別人頂替我的職位？或是和一個冷酷無情態度強硬的對手對簿公堂？這些情況都會讓內心的憤怒、傷痛、軟弱、愧疚、恐懼一觸即發。但是大多數人會完全掩蓋住反照內心衝突的自我仇恨。

和陰影相處需要很多勇氣與坦誠的心。如果我們肯正視陰影，就能越來越清楚地認清陰影：陰影正是我們不願成為、不願接受的人，或是符合我們在家庭社會中扮演的角色的人。有時候，在與陰影相處特別麻木或特別清醒的時刻，我們能覺察到內心的妒意與猜忌，或覺得自己正缺乏陰影所具的代表性。但這樣的情形並不多見，我們大多會斷然拒絕，並且陷入分化：陰影要不是擁有權力、成就、自由和影響力，就是富有同情心、待人關懷備至、正派、目標崇高。如果陰影屬於其中一種，我們就會覺得自己是另一種。

每個人都有陰影，它總是在事情發展過頭的時候出現。我們的歸屬感越極端，生活中就越容易出現敵手，越常得跟那些我們厭惡的人打交道：女權主義者與大男人主義者，黑人與白人，美國人與穆斯林，反核與挺核的人，嚴厲的父母與叛逆的孩子，離婚的人和昔日伴侶。只有做好準備去溝通，才能使敵對雙方的界限變模糊直至消失。如果分裂加劇，就會演變成權力鬥爭。觀察一對夫婦離異，我們經常可以看到這樣的現象：兩個人從前因為深愛走在一起，結了婚，最後要離婚，滿懷怨恨地激烈對戰。

墮落天使

我們為何如此憎恨自己？把這部分人格埋起來，不想與它產生聯繫？也許在很久以前，我們在人生早期做了一些事或發生一些事，讓我們傷害了自己或別人，同時也發生一些其他嚴重的事，但在無意間將不相干的事牽連在一起。前面已解釋過：身為孩子，我們還不能將自己與周圍發生的事區分開來。也許我們正沉浸在一個快樂的遊戲中，兄弟或姊妹卻在遊戲中出了意外。也許父母當時說過這樣的話：「要是你好好注意，意外就不會發生了！」於是，孩子心中便很容易建立起一個連結：如果我痛痛快快自由自在地玩，別人就會出事。想去自由玩耍的孩子就會被他自己歸類為「壞人」，被他逐出意識。日後在類似情況下，我們會變得責任心過重，過於謹慎，把愛玩鬧、無憂無慮的人看成不負責任的人。

家庭或社會中有些長期氛圍，對兒童的成長影響極大：父母中有一個罹患慢性病、父母經常爭吵直至離異、父母之間的力量對比懸殊、規則刻板僵化、戰爭、種族迫害，或宗教與道德標準狹隘。在這樣的環境中，一些孩子成長過程中非常普通的事情也會被定義為「惡」或「壞」：裸體被看成宗教或道德上的罪惡，放縱身體是不道德的，不同膚色或不同宗教的鄰居孩子被當成死敵，大聲喧嘩讓爸爸生病。這些加在孩子身上的壓力會產生強烈的抑制作用，迫使他們必須在愛的情感中做選擇：選爸爸，或是選媽媽；選擇弱小的，或是選擇比自己強大的。孩子出於天性，願意給所有的人同樣的愛。當他們在爭吵、離異，或在父母有一方軟弱的時候被迫做選擇，他們就會分裂：他們仍然愛著另一個，儘管他或她拋棄了這個家，或正準備離開。孩子得面對衝著爸爸吼叫的媽媽，或毆打媽媽的爸爸，他或她是「惡的」一方，不該這樣繼續下去。

家庭中過度控制和刻板規則也會強化陰影構成。孩子試圖守規矩，為人善良，樂於助人，行為端正，但是他無法在內心找到真正善良和助人為樂的源頭。所有天性中的力量和願望被人為壓制，擠壓進入「惡的」、禁忌的範疇。天生的渴望會扭曲變形為貪婪、仇恨、報復、縱情享樂或本能衝動，出現在我們日後的生活中。有時候會使我們過著雙重面貌的生活。

在我寫這本書時，米歇爾．傅利曼（Michel Friedmann）正紅得發紫。他當時是主管部門的一名官員，身上融合了高度道德感和政治敏感度。他本身是律師，也曾是德國猶太中心理事會的副理事長、德國基督教民主聯盟（CDU）的成員和傳媒明星。身為富有批判精神的談話節目主持人，他自覺代表著德國民族對猶太人的良知。他驕傲地聲稱，他對自己做電視節目主持人的要求就是始終保持「敏銳，鐵面無私」。他身上的各種官職、頭銜和公眾期待，以及由他自己精心培育的公眾形象，都為他帶來了極高的要求：正義感、宗教性、道德感、挽救世界的能力和公信力。

當道德感和責任意識如此強化（尤其是直接面對公眾時），生活就很容易失去平衡。外在的強烈要求使人倍感壓力，並在心中形成長期的偏斜，因為隨著時間過去，所有被否定和禁止的自然需求都會被強行壓抑在人格內部。被阻礙的這部分人格並不會消失，最終將以激烈的方式自行其是。一個人如果具有特別強烈的道德感和責任意識，他必然會將所有在他看來道德不夠完美的人拒之門外，因為這與他的自我形象矛盾。恰恰是對他人的拒絕，阻礙了個性的發展成熟，使他很容易過著雙重生活。

這個教導者面目的公眾人物雖然據稱廉潔奉公，常以維護真理者自居，最後卻被指責濫用毒品，與妓女廝混，跟黑社會有關係。一位負責此案的調查員說，指控傅利曼的資料「足夠名流雜誌寫上幾星期連載了」。根據本書觀點，這些資料正好構成一間「陰影陳列室」。傅利曼為自己塑造出一個完美的公眾形象——正義的宗教裁判所審判官，他對外宣稱，自己最重要的資產「來自誠實」，無意識中不斷迫使自己符合他所設立的過高道德標準。為了在現實生活中也能保持對自身完美道德感的確信，就絕對不能給人的自然本能、人性弱點和可能出現的錯誤留有一絲空間，也因此對自己和他人死死板板，沒有同情心。

在傅利曼熱衷公開詰問的時候，自己卻被過度壓抑的本能反撲：他內在的一切在呼喚生命活力，呼喚自由，呼喚擺脫教條和公眾壓力，理性卻要求他與外在角色一致，吻合他為適應市場需要而確立的形象，他只能將內心的壓力隱藏起來。而且也必須不斷否認讓他縱情享樂的那個平行世界。

最終讓他被公眾釘上恥辱柱的批評與攻擊，與他內在對自我的評判非常相似。他一直在監督並壓抑著自己的生命活力、對肉體的渴望和擴展意識的需求。傅利曼將自己的自然衝動迅速強化，轉化為公眾心目中的理想形象：他在電視節目中對採訪人辯解，宣稱「身體接近能導向真誠，增加感情強度」。但這只有在沒被無數道德標準規範之下才能起作用。

傅利曼對身體直接接觸的渴望顯然很強烈，但是要釋放自然的身體本能不是那麼簡單。他似乎極為排斥不受監控的原始力量，人格因而出現了分裂，他最終只能靠毒品來支持自己。他的意識打開了，身體也重新獲得了活力——但這還不是自然而真誠的表現，而是毒品影響下的表現。

真正瞭解心靈語言的人能從傅利曼的例子裡看出，只有真正改變內在模式，才能在外部實現人們所渴望的轉折。傅利曼在潛意識層面擁有強大的自然力量，嚴格的規範也深刻在他心上。因此，他對自己的要求只讓他成為一個在公眾面前盡善盡美，但內在十分空虛的角色。

身為一個男人，一個猶太人，法律專家和公眾人物，擺在他面前的轉捩點肯定不輕鬆。但是如果他能鼓起勇氣踏上這條曲折的道路，以他最本來的面目出現，他就有可能從眼前危機中獲得真實的力量和生命活力。傅利曼一直是這個社會的楷模，他也希望能做得正確，但他必須擺脫那個完美角色。這是在許多社會名流和政治家身上都可以見到的現象。權力增長與公眾輿論壓力不一定有助於人格發展和真實性展現——首先可能會損害到人格的完整性。

「完整」這個詞經常會出現在對政治家和工商界名人的情場醜聞報導中。誰要想在生活中保持真實個性，不加粉飾自己的真面目，用自己和生活信念影響他人，就得逐步整合自己的潛意識。尤其身處社會要職時，個性裡掌握不了的陰影會產生極大的作用力。

我也變得和我老公一樣無情！

兩性關係中，爭吵的主要焦點在於，我們總是希望改變伴侶。兩個人的差異會讓彼此在不自覺中回想起往日的傷痛與愧疚，於是我們試圖改變對方，希望他按照我的方式去看、去做、去感受。在這一點，我可以列出我丈夫身上無數令我無法接受的性格和行為。這些問題曾讓我堅信，我們非離婚不可，而今天，同樣的問題卻讓我看成促進個性發展的推動力。

伴侶與自己不同的行為和思維方式，可以給婚姻帶來力量與活力。完成本書是我的夙願，而我今天之所以能實現，應該歸功於我曾經厭惡丈夫身上的那些特徵。只因為我很輕率又不負責任，既不關心我們生活的穩定，也不在意家人想要的快樂幸福；只因為我很自私地抽身，把一切都拋開，完全讓丈夫擔負家務和照顧孩子，我才能寫完這本書。

當然我不是為拋開一切、輕率浮躁、不負責任做辯護。不是要你去過從前受陰影影響的生活，而是要學會為了自己的存在而不斷從外界吸收營養。在婚姻陷入最低谷時，我丈夫在家裡的確就像是偶然出現的旅客，從來也不想瞭解我對他的迴避、拒絕與妻女共同生活有何感受。我也像咯咯叫的老母雞和典型的家庭婦女一樣只會抱怨嘮叨。他和我一樣，都只是一半。我缺乏的正是他擁有的，他沒有的卻是我的特色。今天我可以利用他的原則性來實現對雙方都有利的事，而他在家裡可以隨心所欲地過無憂無慮的日子，我們的共同生活也變得更輕鬆愉快。

惡婆婆是最親密的戰友

在家庭成員面前，我們最容易表現出內心的分裂，而家庭成員正能幫我們撫平心靈創傷和整合分裂。在我們的父母、兄弟姊妹、伴侶以及長大成人的子女面前，我們會體現出內心務必要重新整合的那部分。「但有些事情真的無法諒解。但你丈夫那點故事和他的無情根本不痛不癢。」我聽到如此的反對意見，「有些女人與丈夫最好的朋友合謀欺騙自己的丈夫；有些男人一夜之間拋棄了自己的老婆孩子；還有那些惡婆婆、壞媽媽、潑婦惡棍和打孩子的父親，難道我們也要接受他們？」

我可以列舉無數這樣的例子，但此刻只想建議大家，不要為外界那些危言聳聽的怪人物和行為傷腦筋，這只會讓我們忽視應該關注的事——我們的生活和伴侶關係。因此，我希望你能認真仔細地注視那個你無論如何都想擺脫的人，在你生活中最容易讓你憤怒的人，你最想拒絕的人。如果你有足夠勇氣對自己真誠，那就問自己：這個人擁有什麼我想要的？這個人能做什麼，是我不允許自己去做的？在哪方面他很自由，而我受到限制？只要對自己坦誠，你會在答案中發現自己最大的願望，也會發現你曾經擁有過的最大天分。你曾經擁有它，它卻被視為惡劣或對其他人有害，或曾為你帶來命運轉折，也可能是原生家庭未曾允許你去發展的能力。

誠實考察一下我們的陰影，我們會在他們身上看到自己內心深處的缺失和成長家庭所缺乏的東西。不論是無憂無慮的心、勇氣、奮鬥心或獲取財富的能力；不論是貪玩好賭、偏好肉體享樂、腳踏實地還是無畏的自由精神——不管被看做哪種化身，我們最終都會把這些特徵納入自身，在生活中占有一席之地。不僅會得到來自自身內部的力量，連整個原生家庭也會受益。冰山總是要求我們不斷拓展自己，如果有勇氣沉入冰山深處，我們不僅能在那裡發現那些被誤解、令人厭惡的壞蛋，也會發現家庭過去幾代都沒學會的痛苦教訓。把失去的部分找回來，我們會成長，還可以把學到的東西教給家人。你不明白，這會讓人感到多麼的自由。你也不知道，當你能與陰影和平共處，你會感覺自己多麼了不起。

用愛融化冰山

只要我們致力向冰山深處挖掘，認識它無盡的多樣性與潛能，那麼每一種人際關係都能給予我們無數發展和拓寬自我的可能。我試圖概述了內心小孩、投射、鏡子、陰影以及舊有家庭模式。冰山內部還有其他心理過程和策略在運行，我無法一一詳述。詳述冰山內部的運作並不是我們的主要課題。或許本章裡的故事給你一種感覺，你正面對一部自我研究的生活巨著而無從下手，或許你覺得，如果一一檢視回顧過去，你會不假思索地將童年看成一齣戲，把父母視為虐待孩子的罪人，或許你對這些故事和故事裡的複雜關係感到混亂，或許你有些不懂或根本看不懂。這些都沒關係！

我講述這些故事和例子的目的，就是鼓勵你，讓真實面目再次在你的生活中出現。不需要勉為其難，只要你願意重新坦誠地面對自己，就會知道每一刻要做什麼。我希望用本章建立起一種氛圍，讓你的意識可以有所改變。為此我向你的理智解釋了這些故事。你不需要瞭解細節，但你的理智需要基本理解冰山內部的運行，否則，當你在關係裡尋找同情、親近與愛情時，理智會不斷用懷疑和反對意見來破壞你前進的道路。

如果你在本章中清楚得到下面這個訊息，我就心滿意足了。這個訊息是：當你覺得被疏遠、被扼殺、被封鎖、孤獨、感傷、軟弱、無助，甚至滿腔仇恨時，你的伴侶也許完全沒有責任。你不需要懂心理學，光是懂這一點小小的道理，就足以給伴侶關係注入新生機。就算你對這道理僅有些微感受，也能為你們的生活增添新力量與希望。你的心會更開放，更柔軟。我不僅與那些求助於我的人分享這套機制，我自己也是在這條路上找回我的丈夫，直到今天我依然心懷感激。因為只有這樣我才能打開自己，去理解潛意識層面的策略，那些阻礙發展的頑固病灶。這只有一個目的——治癒過去的傷口，與外界建立連結，直到我們的冰山與另一座冰山融合在一起。如果我們在一生與婚姻中有意識關照冰山，用愛去暖化，它就會一層層融化，最終成為海洋。這就是它的最終歸宿。

第4章
相愛越真，失望越深

如果說婚姻是個人發展與治癒創傷的最佳場所，如果把它視為促進個人成長的學校，就可以把伴侶關係劃分成確定的發展階段，每一階段都有不同的學習任務等待我們完成。如果沒能將每階段越來越高的挑戰和新任務看做成長的條件，它們就會變成威脅。於是，當戀愛的第一陣沉迷漸漸散去，或是愛情失去了威力，我們會覺得自己是個失敗者。我們期待愉快的感覺，卻可能看到一片空虛或一片混戰。

在我看來，婚姻開始的地方恰恰就是所有往日傷疤開始出現的地方，也是應該扔掉面具、在真相中彼此面對面的地方，是接受、給予、治療、康復的地方——但那裡通常也是結局悄然開始的地方：意識到自己得不到原來想要的，於是在沉默中咀嚼失望。我們渴望熱情，過去的慣性又悄然潛入新關係裡。把我們跟其他的伴侶相比，更加確認我們跟別人不一樣。我們悲哀且沮喪地回憶著往日的浪漫，發現美好日子已一去不返。

伴侶關係總是在發展變化，如同流動的河水，有時會出現暗流讓我們在原地打轉，無法彼此靠近，有時甚至覺得水流越來越緩，最終枯竭乾涸，似乎只有離異才是唯一出路。但如果我們瞭解每一段關係的發展階段，知道此刻正處於哪一階段，就能用全新視角從容地繼續走下去：即便關係裡出現了激流，也不意味著我們、我們的伴侶甚至我們的關係有了失誤。可能只是隨著婚姻進入新的發展階段後，我們在治療傷痛，以及在潛意識中整合與接納的過程裡，對彼此的要求變得越來越高。每一階段都有自己的可能，每一階段都會給我們新挑戰。如果我們能真心理解，就會得到一段時間的穩定，我們要做的就是給孩子換換尿布，或是把視線放在事業發展上。在此階段對性失去興趣是正常的。我們有時會感到解脫，也會憤怒和爭吵，也會可以理解彼此需要保持距離。

如果能接受這種轉變——哪怕最初只是伴侶中的一方把出現的問題當作任務學習——我們就能繼續攜手前行，彼此的愛會更深。一個階段的發展只能在另一個階段的基礎上實現。只有走過這一階段，關係才能發展進入下一階段。我從美國伴侶關係專家恰克·史匹桑諾博士那裡學到這個模式，它使我在自己婚姻中輕鬆了許多，後來也無數次地介紹給個案。藉由這模式，人們能認識到伴侶關係發展的邏輯，也能夠解釋看起來沒有出路的關係。痛苦階段不再被看作是通往離異之路，反而有成長和拓展的可能。

沉醉在羅曼蒂克裡

大部分的關係始於浪漫熱戀。我們的感覺飄飄然，無時無刻不在想他，想要和他一直在一起。我們寵壞了彼此，用各種方式討對方歡心，互寫情書和情詩，贈送鮮花，在枕頭和旅行箱中藏小紙條。做一切事情讓對方幸福快樂，但不會想到，跟這個人在一起會經歷不快樂的事。他看起來如此完美，在他身邊，我們是理想的一對。

長久以來，我們身上每個細胞在渴望能重新獲得完整與快樂，我們一直在尋找一個能接受我們並使我們變得完整的人，渴望能從另一個人身上肯定自己很特別。

在熱戀階段，所有期待和希望都圍繞著特殊性。當一切還很陌生，我們對這位幾乎不認識的人充滿了期待，我們會告訴朋友，這次我碰到了一個完全不一樣的人，一個會以完全不同方式對待我的人，他看起來與眾不同，有著不同的想法，不同的行為，一個有光環的人，一個用特別方式愛我的人。

當我們腦袋裡充斥對愛情的浪漫想像時，我們這時還堅信，對方肯定能讓我們重新變得完整。我們充分信任對方，相信他就是我們所缺的另一半，因此全身心投入這段感情。這份信任感讓我們覺得身處浪漫中心，似乎能觸摸到完美的幻想。一個很有戀愛經驗的女士曾告訴我，熱戀期間絕對不要簽署任何合約，工作與個人方面都不要做任何抉擇。她的話證實了，每一個熱戀的人都處於沉醉中，無法與現實接軌。

感情中總是有一個動機在推動我們，那就是希望變成一個完整的人。感覺到完整，才會令我們快樂。但這是錯覺。熱戀中的我們深信，只有對方才能使我們幸福，事實上從來不是如此。不管怎樣，這段時間帶給我們美好和重要的東西——讓我們與另一個人走在一起，讓我們體會到，生命中有比分離的孤獨感更美好的事，令我們產生希望，期待變成完整的渴望能獲得滿足。

浪漫的熱戀階段就像一段理想完美的關係。我們汲汲營營地期待那陌生的另一半；這份期待能帶給我們感情上的親密感。想像中，那個人會是個很棒的人；這麼想會讓我們感到幸福。但是這些期待和想像並不是針對那個人。事實上在這一刻，我們對那另一半還沒有概念。他在我們眼中很有可能被美化。大多數令人振奮的感覺和想像都不過是我們內心的折射——儘管如此，在熱戀這一階段裡，只要我們準備好給對方愛，一起治癒傷痛，不是依照想像，而是坦然接受對方真面目，在兩人關係裡就能一起擁有許多美妙時光。

因此我們應該盡情享受熱戀的美好。我們需要熱戀中建立的美好回憶獲取振作的力量，好讓自己在往後的艱難階段裡不被擊倒。當我們自沉醉中清醒，慢慢面對不愉快的現實時，當另一半不再吻合我們的理想時，在悲傷中回顧這階段的時光能讓我們重燃希望。當疑心病控制了我們，當離婚的願望在心中蠢蠢欲動，我們捫心自問：「他真的是那個對的人嗎？」這份回憶就會非常重要。每個處在婚姻嚴重危機的人都應該瞭解：兩人在熱戀中能做到的每件事，每一件事，成為伴侶時也都可以做到，這些事代表了這份關係的潛能。這些事也可能在經過幾年甚至幾十年共同生活後，才一步一步再次出現在兩人生活中。但是這一次會有不同的深度，而且更真實。

權力鬥爭讓你清醒

感情發展到權力之爭時，我們已經走過很長一段不太和平的路：熱戀階段的我們沉醉在浪漫之中，滿懷期待新伴侶能帶來平靜，也能撫平我們內心的傷痛。下一個階段就是清醒的時刻。情況就跟所有麻醉品的作用相似：我們愛得越深越強烈，沉醉就消失得越快，於是下一次需要的劑量就越高，最後跌得更深。在伴侶關係中，兩個人經歷過熱戀的沉醉後就直接進入了權力鬥爭。

我們在熱戀中的行為都有一個目標：接近新伴侶，並且越靠越近。我們必然要進一步瞭解他，也會進一步確知，這個人並不是完美無缺。在這方面我碰過最極端例子就是朵麗絲的故事。

朵麗絲來找我時看起來疲憊不堪，她對婚姻極度失望。她哭著告訴我，她丈夫曾是她心目中的白馬王子，她從他身上獲得了前所未有的感受。接著她的聲音漸漸僵硬冷漠起來，她描述她如何喪失對他的愛戴和敬仰，他在她眼中變得越來越無聊。他在生活中也越來越不修邊幅，越來越粗心大意，她再也沒有半點熱情，在床上背對著他，不願再理他。最近她甚至越來越常與別人私通，這些外遇都不是認真的，她只想體會激情……但現在她想與丈夫分手，因為她有一個奇遇。說到這裡，朵麗絲容光煥發起來。

朵麗絲拿出一疊書信和卡帶，這些都出自她在一家街頭咖啡館碰到的一個男人之手。當時他正準備回到家鄉澳大利亞，朵麗絲就在他啟程前幾個小時認識了他。他們一起度過一個下午，兩人聊個不停……她的心在這個下午又萌發了希望。他們之間並沒有身體接觸，她卻感覺他們在精神上是相通的。從這一天起，兩人之間開始了跨越地球的遠距離交往，無數的電子郵件、情詩和卡帶，無數裝滿示愛問候的包裹，漂洋過海，飛向對方。朵麗絲得到的愛的證據相當可觀。

就在這時來她找我，為了和她丈夫公平公正地離婚。但問題必須儘快解決，因為與她通信的男人幾個月後就要回來了。她希望能讓所有與此事有關的人都明白事情真相，要為新關係建立一個堅實的基礎。朵麗絲是個成功的企業家，當她確定要做一件事，她很習慣進行談判。現在她完全被這個陌生人征服。她告訴我，自己是如何透過這個人改變。她從來沒有跟一個人在這麼多方面如此接近過。此刻她充滿了激情與溫柔，兩個人精神上完全同步，甚至在工作上也能激發彼此——她甚至在走路時又開始擺動臀部……

每次我促使朵麗絲和她丈夫澄清彼此間的問題時，結果都是白費力氣。在有限的幾次談話中，朵麗絲總是少言寡語，十分不愉快甚至怯生生。她獨自前來時，表現則是判若兩人，陶醉在未來的憧憬中。除此之外，她只想目標明確地離婚——在某個確定日期前，她必須辦完離婚手續。我們長話短說：這個確定的日子就在幾個星期後。經過了幾個月苦苦等待，朵麗絲終於與她的夢中情人再次相會。她把這位朋友從機場接回來，共度了兩天時光。然而，當她再次出現在我面前時依然是含著淚水。出現在她面前的根本就不是信中的那個男人。他吝嗇小氣、個性刻板、過度敏感。她抽泣著對我說，他看起來甚至跟她記憶中的他不一樣。她這輩子沒有這麼失望過。

我們彼此越接近，就越能清醒地認識到對方所欠缺的——或者說，對方的真實面目。從前令我們著魔的特點，如今變成了差異，導致兩人分手。當我們走近他並且仔細觀察時才發現，那個曾帶來許多快樂和輕鬆感覺的人竟然不可信賴：他很晚才回家，讓我們等他；就在我們等他時，他正和其他人一同享樂。曾引發熱情讓我們生氣勃勃的東西，很快也變成了現實，讓我們爭吵。性愛熱潮在家庭氛圍中突然變得粗鄙下流，真誠純樸的氣質也在日常生活中露出了無聊的本性。

所有一切都不符合我們的想像，所有期待都沒有實現。正因為對方是我們自己選的，造成的傷害尤其深，疼痛也更劇烈，失落感更大。這個人不會飛回澳洲永遠不回來，他與我們共組一個家庭，我們內心的距離卻非常遙遠：我們絕不會再像從前那樣向對方敞開心扉，而是會小心翼翼，設法保護自己。最後，出於害怕再次受到傷害，我們會逐步拉開與對方的距離。我們曾將對方視為生命源泉，期待從他那裡得到滋養。而現在，所有我們希望得到的都得靠自己竭力去爭取。

兩個人之間想法不同的拉鋸戰因而展開：我們喜歡對方的地方越來越少，但我們要求得越來越多。那些會造成傷害的，我們試著去改變、遠離和拒絕。每個人都用自己的方式戰鬥，卻一直碰到這樣的情況：一個人一直把家裡打掃得很乾淨，另一個人就一直隨性地亂扔東西；一個人越來越晚回家，另一個會越來越在私底下倚賴別人幫助；一個人越來越常要求討論原則問題，另一個會越來越沉默寡言、退縮；一個人對性的需求越來越強烈，另一個就越來越性趣缺缺。

兩人間的權力鬥爭也是如此，每個人都在擺脫來自對方的壓力和期待，指望對方滿足自己的需求。不論是對乾淨和依賴有偏執，還是用混亂和不在家尋求擺脫；不論是拒絕身體接觸還是性慾強烈——每個人都在試著盡可能保護自己的內在傷疤，在外部則試圖實現自己對婚姻、對生活，以及對伴侶的理想，或是期待用控制對方來達成。大多數情況下，兩個人中誰都無法贏得這場戰爭，反而會使得情況越來越艱辛。

當一個人總是滿腹牢騷，另一個就會逃得更遠。當初那個完美又特別的另一半，如今變成被我們壓制或想要擺脫的人，因為他變成傷害我們最多的人。在權力鬥爭中，我們變得連自己都認不出來：由於失望，我們指責愛人遠遠多於指責敵人。從前我們跟朋友說這個人是多麼與眾不同、完美無缺，現在我們則無助地挑剔、指責他們那麼無情。有時候連自己都很震驚，我們竟然對伴侶產生這麼多憤怒和反感。我們感到絕望和迷惘，對這個人——有時只是在很短時間內——打從心底拒絕甚至鄙視，熱戀時我們竟把他當神一樣崇拜。現在感覺到被伴侶背叛，或者我們自我譴責，當初自己為什麼沒有看清楚，怎麼會被他迷惑？

越來越多人在這一階段分手，越來越多人分手後會迅速找到下一個伴侶，但同樣更快地在這一階段無奈地分手。你心灰意冷地說：「又沒遇到對的人！」完全不明白關係從熱戀掉進現實，最後進入權力鬥爭是有因果關係的，也沒有預料到這個階段潛伏著治癒創傷和成長的機會，因為另一個人可以讓我們超越自我限制而成長。

荒野狼與藤蔓

誰闖過了權力鬥爭這一關且沒有中箭落馬，沒有離婚，但也沒有真正瞭解對方、好好利用機會成長，便會迅速進入下一片荊棘：依賴與獨立的階段。伴侶雙方已逐步接受眼前現實：一切都不如開始時期待的那麼理想那麼有活力。他們彼此保持距離，開始適應彼此對立的角色，採取確定的立場。每個人都以傷害自己最小、最安全的方式纏鬥，以便在權力鬥爭階段之後休養生息。他們會盡量不在家，力爭成就，盡可能得到外界認可，盡可能讓自己被需要，盡可能吸引更多愛慕。權力鬥爭階段大多會在追求獨立自主中結束。經歷了所有失望與傷害後，似乎只有獨立自主才能使我們重新控制自己的生活。我們要求伴侶照我們所想的去做，否則乾脆避不接觸，自行其是。當然，兩個人在這階段會在更深層面上交鋒，以平衡雙方內在的衝突。因此，兩人的關係依然是你中有我，我中有你。直到其中一個人先走入看來安全的獨立狀態，另一個則被迫開始尋求接近和依賴的關係。「我今天不想……明天不能……我不知道……我得走了……」這些表達代替了過去的抱怨：「你快回家吧……你就不能對我溫柔點……別老跟別人在一起……你也該關心孩子……」

熱戀時，一切如膠似漆。這種表面上的親近到此階段變成了失望，或是像被鍊子拴在一起。伴侶在權力鬥爭的混戰中糾纏，誰也無法成為最終勝利者。雙方從這時起開始分化，一個越是封閉自我，對對方的言語及感覺不做任何反應，那麼另一個就會越來越把觸角伸向對方，試圖接近或控制他。這樣的角色分配是由雙方互相造成的，過程中也可能出現角色轉換。

烏偉就是一個典型例子。經過苦苦追求，烏偉終於得到了格莎。結婚第一年裡，他在每一個慶祝場合都吃妻子的醋，因為她所到之處總是被愛慕的眼光追逐包圍。後來格莎做了母親，從此覺得自己突然得完全依賴丈夫。她開始越來越常在焦慮中等待丈夫歸來，等他回到家，就責怪他應該跟他的工作結婚才對。情況一直到她重回職場，在工作上獲得成就才有所改變。

從外面來看，兩人中似乎有一方在這場獨立與依賴的遊戲中處於弱勢。事實上，那個看起來獨立自主的荒野狼，其實也跟攀附的藤蔓一樣對婚姻不滿。正是退縮回來的那個人使另一個人無法再接近，他的退縮是無意識的，因為他怕被拒絕、怕不被需要，以避免受到更大的傷害。孤獨的荒野狼往往會暴露出渴望溫情和容易受傷的心靈，滿腹牢騷的藤蔓也常常暗地幻想出去買個香菸就不再回來。這種角色分配大多是惡性循環：一個擺出拒絕姿態，不願搬到一起住，不肯結婚，不想一起度假，甚至不願一起過聖誕節或其他傳統意義上的儀式。不想承擔日常中的責任，很少用言語或姿態來表達他的愛，他無意識中把失去和被拒絕的恐懼隱藏起來，也壓抑了需求得不到滿足的恐懼。為了表示自己什麼都不需要，他退到獨立自主的位置上，並且說：「看看吧，也許……」

這樣的行為使他的伴侶感到失望和不安，因此陷入困境而滿腹牢騷，提出的需求與受傷反應正好是獨立的那一方不想經歷的。更可怕的是，這些都會使他更強烈地想起自己的恐懼，嚇得他更往後退。因此依賴的一方就更加不滿，更覺得自己陷入牢籠。但這也是他的臆想。他把對方工具化，利用對方不斷滿足自己。即便看起來在設法靠近，努力去表達自己的感受——在更深的層面，依賴的人也不是發自真心。他也許一直都在，內心卻也沒有準備要為對方付出，也是出於恐懼對待對方。

因此在這階段中，會有一個人表現出兩人各自受到的傷害。兩個人都受了傷，一個竭力遮掩，一個努力扮演受害者。因此整個關係很容易翻轉：一輩子想自由的小夥子克服了障礙去求婚，多情的女孩卻被嚇著了並且心生疑竇。當藤蔓突然溜走，荒野狼會因為嫉妒而急忙發出愛的誓言。如果過去的關係是個牢籠，下一次我們就是牢牢箍緊對方的人。所有一切都與愛情無關，只是控制。

在所有方面都能看到這種關係中的強制分化現象。我們越接近，就越能體會到我們看世界的方式多麼不同。一個人認為他透過紫色眼鏡看到的世界是真實的，另一個人則相信世上所有一切都被染成了藍色。我們都碰到過這種情況，兩個人中一個非常樂觀、理想化，很能鼓舞人，另一個富有負責心，對一切都過度認真地仔細檢視。兩個人無休止地爭論誰對誰錯，局外人卻一目了然，這兩個人少了誰都不可能達到目標，必須合力才可能成功。在這一階段無止盡地爭論原則只會使兩人麻木，立場更不容易改變。

其實，在這一階段裡伴侶有必要合作。如果能學會重視對方的能力，他們就確實能抵達目的地。所有我們反對的特色、立場、世界觀、方式和方法，都是我們應該整合的，好讓我們的生活更加充實。如果不想在家中等待另一個人，那就走出去；如果你害怕太過接近，那就說出你的感受。

冰河時期

當分化失去了作用，當無人能成為最終勝利者時，甚至連獨立也不能拯救兩人關係，只是更令人體會到孤獨時，伴侶間就會出現一片沉悶氛圍。人們腦海會浮現這樣的想法：「我們只是為了孩子才繼續在一起，因為時間，因為貸款，因為父母……」兩個人的關係似乎只是因為外在協議而存在，內部卻早已成了空洞廢墟。經歷了權力鬥爭和信任危機後，經歷了獨立與依賴之間的搖擺後，兩人的全部生活似乎已變成了無生趣的例行公事。別人的婚姻都比自己的強一百倍。無聊悄然潛入，共同生活變成了彼此束縛。我們百無聊賴按部就班去做該做的事，內心卻一片茫然，我們問自己：「是不是一切就該這樣？」我們仍然是夫妻，這一點看起來很自然，實際上令人震驚，我們完全感覺不到彼此之間有很自然、充滿力量的聯繫。說不清為什麼，但我們已明確感覺到兩人關係已日薄西山。我們知道事情不可能長久如此發展下去，如果是那樣的話，內在的自我會枯萎而死。

羅夫結婚很多年了，他是父親、成功的企業家，平日需要經常外出，擔任許多重要名譽職位。羅夫對自己的生活一直有明確的計劃，因此他現在功成名就。房子布置得富麗堂皇，妻子是善於辭令的完美女主人，伴隨他到各地出差，在各類高雅舞會上翩翩地與他共舞。但誰也想不到，他們獨處時幾乎沒有話可說。他們睡在各自的臥房裡，不一起吃飯。羅夫與他的女同事有一個私生子，他們在一起吸食毒品，也都喜歡跳拉丁熱舞。

關係中的大冰河期是向內退縮與外部角色行為的結果。兩個人都只是在盡職盡責地努力演好自己的角色，分別扮演著夫妻、父母、養家的男主人、待客的女主人、公開場合的伴侶，但做為真實的人，彼此之間已沒有聯繫。你也許看過狂歡節遊行的隊伍，其中有一種紙漿做成的大型人物，由藏在裡面的真人扛著，穿行在狂歡人群之中。結婚一段時間後經常會出現類似現象。

我們在關係發展中會受傷，但沒有勇氣對伴侶展示傷口，沒有信心能按照心中理想與他一起治療創傷；也許我們嫉妒，或感到丟臉，卻沒向伴侶訴說；我們一步步縮回自我，因為有些重要東西無法與伴侶分享。經常有女性來找我諮商，她們曾經假裝過一次性高潮，此後就一再假裝下去。幾年後，發出情人般呻吟的面具底下只剩孤獨空虛，隱藏起的憤怒不斷增長，在心底拒絕應該帶給她們歡愉的人。

有時我們出於報復而拒絕，卻因此讓自己饑餓；有時我們為自己在某些方面不再感覺與伴侶親近而深懷愧疚。這機制在性事上尤其明顯：兩人在日常生活中缺乏對真實感受的交流，誰都不知道對方到底好不好。悄悄之間，兩人不再親近，關係變成乾枯的河。兩人一定不會承認關係已到這地步，要不然是兩人都沒意識到。有一天，兩人中一個對共同的床事完全失去興趣，因為他與伴侶間精神上疏遠，他感到愧疚，無法理解自己的退卻。

為了不感受到這僵化的空虛，失去了與伴侶之間自然而成熟關係的我們會去尋找一種共生且孩子氣的替代關係。我們與另一個人在一起，就像母親和剛出生的孩子，用高八度音聲調說稚氣的親昵話語。彼此之間的界限變得模糊不清，我們不再是兩個獨立個體，而是像連體嬰一樣。當他行動，我們也亦步亦趨。無意間我們變成如膠似漆，但也把恐懼隱藏在孩子氣的情感下，不必展現真實的自己。真實的聯繫是自由的，建立在真正的相互吸引力上。此刻我們只是簡單地想跟另一個人在一起，自然會感覺到兩人的相屬感。

共生式的融合反而會損害到個性，我們的友好變得幼稚，會為了他人犧牲自己，越來越依賴對方。當伴侶間不能真正溝通或關係已不存在，我們會轉而扮演補償性的角色以維繫關係。在童年早期，我們都學會了以這樣的方式來得到家庭的認可。我們本能的生命力無數次在家庭裡被壓抑下來，這些家庭要求有時表達明確，更多時候是無言且難以捉摸，而我們或多或少自願地在壓力下改變了自己。每一次這樣的改變都會使我們原本的一部分生命活力被凝固、冷凍起來，日後成為忠實操勞的家庭主婦或負責供養家庭的主人時，我們會感到內部的空虛，一如燃燒後的灰燼。

我們做正確的事情，為家庭整日操勞。但這麼做的理由卻是錯的——我們只是像機器一樣在做，不是發自內心自願。相反的，我們越像機器人，就越能完美扮演好自己的角色，肩上扛的紙人就越高，而我們更將自己封閉起來，讓他人無法觸及。我們沒有為了改善關係而加強與對方接觸，而是按照自己對關係的想法犧牲了自己。

這聽起來十分荒謬。我們越來越難真實地表現自己，因為內在似乎越來越缺乏被人認可、值得被愛與被渴望的東西，於是我們更嚴格地控制自己——在私底下對自己越來越不滿、生氣、憤怒、失望。總有一天，我們會像定時炸彈一樣因為最輕微的震動而爆炸，或更常透過各種活動和癮來拒絕自己，以便埋藏心底所有的不良情緒。

為了讓自己維持運轉，我們便添加規則來完成自己的角色，在有意無意間不斷設法彌補自己的罪惡感、失敗與分離的恐懼。為此我們要求行為舉止特別得體，並且犧牲自己。我們將這些提升為社會標準，認為人人該當如此。這些新規則只有一個目的：保護我們不再受傷，阻止他人一再控制我們的生活。正是這些應該拯救我們的規則與角色，導致我們的生活僵化空虛，令人不堪忍受，使我們無法再與人真正接觸。

有些人只用「人們」的虛擬語態說話：「人們必須，人們應該，人們可以……」哈瑞德就是這樣的人。他來找我時總是面帶死板的微笑，不斷用成套恭維話問候。然後他坐下來，開始談論「人們」的問題，我幾乎無法讓他用「我」來說一句話，也無法在談話中真正接近他。一旦我在某一瞬間打動了他，他馬上會用微笑來打斷我，轉而開始討論事情應該如何處理才對。他的妻子最後離開了他，用極度強硬且痛苦的方式與他拉開距離。她甚至拒絕與他來我這裡一起談。當我認識她時，她的心看起來像被玻璃碎片割得鮮血淋漓。

儘管我們的所作所為像模範生，卻從不肯發自內心表達自己的願望，避免觸碰到自己的內在，因為那裡充滿了憤怒、怨恨、無助、痛苦和罪惡感。我們心靈深處值得被愛的核心沉睡在這些不良情緒混合成的引爆物裡。我們不再接觸這核心，與外部世界的聯繫也冷卻到只剩下功能，或只是個機械化的楷模，但最終變得枯竭無力。我們卡在童年模式的惡性循環裡。這裡當然又涉及到如何回到自身和面對真相的問題——利用冰河時期融化過去的舊傷痛，不要一再以看似美好實際上已僵化的行為來填傷口。在這個僵化空虛的階段，人們感覺關係已走到盡頭，但偏偏此階段裡藏著治癒的可能，我將在本書第二部說明。

你把我搞瘋了

如果我們不能意識到關係中的沉重和僵化並給予治療，我們就將由此走向離異；如果我們仍不願意摘下臉上的面具，面對的可能會是疾病或死亡。一旦所有表面的融合、犧牲自我的善良，以及所有規則和角色，所有權力鬥爭與信任危機，都不能引起我們內心非常渴望的注意與關懷，那我們只剩下一條路：發瘋。

有些人會覺得發瘋太超過。一個人如果瘋了，那還能指望他什麼？已經有很好的著作探討了身體與精神的關係。身體是我們的「助手」，也是執行器官。它是我們潛意識的思想和需求、我們真實面目的表演舞台，也是我們認清內在分裂的地方，更是毒品壓抑我們意志、原則和理想的地方。這裡發生了許多理智不願意接受的事：我們希望保持忠誠——身體每個細胞卻都在熱情渴望另一個人；我們想要苗條的身材——身體卻吃個不停；我們笑得友善且得體——雙臂卻像盾牌一樣交叉在胸前。我們對親密接觸來者不拒——嘴唇卻長了皰疹。

我們很早就知道身體和精神之間在潛意識中相互影響。還是孩子時就體驗到，生病的人會得到特別多的關照。於是，在意識的深層，我們學會利用生病的身體獲得精神亟需的一切。這有一個專屬概念：「疾病的附屬作用」——我們尋找醫生、藥品和治療，潛意識上不希望自己健康、強壯、精力充沛，因為這樣就無法得到因生病而得到的好處。

因此我們日後會一再將生病當作爭奪愛情的殺手鐧。會有些虛弱或哭哭啼啼的伴侶，他們通常在結婚早期就常常病倒。隨著關係不斷僵化，他們會不斷生病，以至於另一方不得不給予更多愛、照顧與注意。我相信，由於在婚姻中長年累月忍受孤獨與冷落，有無數的人最終生了重病需要看護。我有一位女性個案在結婚二十年後越來越消沉，最後只能服用心理疾病藥物並且定期住院治療才能活下去。她的丈夫負責安排日常的一切，她越生病，他就表現得越完美。在關係核心中，他早已無力給予她情感上的關懷，而這正是她渴望的。由於妻子長年臥病不起，他為妻子找到較好的照護服務，也為自己找到一個情人，並在極大的罪惡感與妻子以死相逼的情況下離了婚。在她失去了乞求關愛的對象後，生病也失去了意義——離婚不到一年，她竟然完全康復了。

一旦涉及疾病與愛情，還有一個現象值得注意，那就是自暴自棄。扮演這種角色的伴侶往往非常忙碌，為工作賣命，完全不顧自己和自身弱點，往往沉迷於一種或多種會造成嚴重影響的癮，也不理會每一個疾病徵兆。這種人也乞求他人的關照與愛護，只是表面上不容易看穿。他冷落了自己，沒意識到自己也想找到一個人關心自己，這個人比他自己更愛他。他自己當然絕對不肯承認，自然也絕不會這麼要求。可是一旦真有這樣的人出現，他又會拒絕所有善意的建議和幫助。我認識一些夫妻，儘管妻子是完美的護士和心理治療師，卻只能無力地看著她們的丈夫離自己越來越遠，工作越來越操勞，越來越常抽菸喝酒，吃得越來越不健康，身上帶著明顯的疾病徵兆卻置之不理。

不論臥病在床或自暴自棄，受疾病影響的關係會彰顯出每一個伴侶關係各自一體系，潛意識的機制在體系裡交互作用。疾病與自暴自棄也隱藏了恐懼、拒絕自己與對認可的期待——有時甚至是難以捉摸的抗爭。我們試圖從伴侶那裡得到愛與關注——如果兩人之間總是在交易，誰也不肯自願給予，這個願望就永遠無法實現。自願給予才是關係治癒的先決條件。

一起面對成長中的挑戰

這些階段裡，有時會有些功課讓你極端痛苦，對伴侶雙方都是挑戰，讓經受考驗的兩個人進入彼此的核心，完整合一。如果能共同面對在關係發展中出現的許多障礙，我們就能一直共同成長。總有一天會出現一種前所未有的感受，過去行不通的事突然變得簡單。有時我們對原有關係中出現的新事物感到驚訝，同時在內心深處不斷出現平和的感覺，感覺絕非靜止不動或無聊空虛。我們可以幫助對方復原，振奮彼此。我們感覺到安全、被保護，不再焦慮地尋找依靠與刺激。我們體驗到真誠與另一個人分享自己真實的生活是什麼感受。這會讓願望在心中自己成長，讓我們打開心房。

從前我經常與女性朋友們一同探討重要話題。我們電話打個不停，密謀地聚在一起探討彼此的感情生活，我們的丈夫完全被蒙在鼓裡。如今，沒人比我丈夫更瞭解我，更明白我的想法——儘管他對世界的看法與我的根本不一樣，我覺得世上沒有人像他那樣與我的內心緊密相連。這當然不意味著我們不會爭吵或彼此不會有誤解。我們總是更快地利用爭執來促進下一步發展。我們已經歷過、共同解決過許多問題，爭執和誤解不再會是關係阻礙。

當真正的共同生活在伴侶關係中慢慢展開，我們好像又回到了相識之初，有時感覺會比當初體會到的還要深刻。即使是這一階段仍然有挑戰：正因為我們此刻這麼接近，對彼此的瞭解這麼深，那些時間特別久遠、埋藏特別深的傷痛會浮現。那些直到今天仍被完全排擠與壓抑的問題冒了出來，權力鬥爭的火焰又光燦奪目地出現，而且特別荒謬。感覺對方的僵化特別強烈，對早就經歷過的老問題失去耐性而且無法理解——我們的關係出現了危機。

我依然記憶猶新：在我和丈夫經歷過許多事之後，我們平和地坐在車裡談一些無關緊要的話題。匪夷所思的是，我們的閒談在十分鐘內變成脣槍舌戰。戰火在一瞬間越演越烈，最後無所顧忌地指責對方，認為我們之間的一切都沒有意義。

我們震驚地呆坐在那裡，滿心的疑惑令我們沉默：我們怎麼又出現這樣的情景？沒錯，我們真的又吵得不可開交。不過在沒人說話的時候，我的腦袋比從前更快地意識到這一切多麼瘋狂。我丈夫似乎利用這段冰冷的時間反省自己，然後車內的氣氛緩和起來。這次的經歷令人難忘：我們安靜地坐在一起，感覺到溫暖漸漸充盈，在我們之間蕩漾——直到我們突然間同時大笑起來。

只要還在一起，我們就要面對發展的挑戰，面對帶來治癒的更多可能——首先要面對故態復萌。我們彼此間的信任會一再受到考驗，我們每向對方邁出勇敢的一步，都將得到新的回饋。我很清楚，走上這條共同成長之路的不僅是作為伴侶的兩個人，也包括雙方的家庭，他們的生活將會有巨大轉變，關係變得更融洽。

就在我寫這段話時，我丈夫正和四個孩子在廚房裡準備晚餐，我能聽到他們嘻笑打鬧的聲音。也許有些人覺得這有點可笑，但對我來說是一個奇蹟。就在幾年前，我們的婚姻裡不可能出現這樣的場景。那時我們的角色分派十分清楚，我們都被限制在自己的角色中。如今我們對彼此心懷感激。我丈夫感受到他在家中不再像個陌生人，他最終在家庭扎根，看到自己的藝術創造力也能改變這個家，使家庭氣氛變得生機蓬勃。我很感激終於有空間可以向外發展，不給家裡留下一片真空狀態。我能發自內心寫出這本書，因為我丈夫發自內心地為我們付出。

「付出」對很多人來說似乎意味著自我犧牲和自暴自棄。我卻認為，付出決定了一段關係的品質，讓關係有力量、長久、成長。誰能發自內心為對方付出，誰就能體會到給予的快樂——使人自然而然感覺到強大。

第5章 做愛？沒性趣？

提到性生活，德國人的表述是「彼此的性關係」，在英語國家則是說「做愛」。對我個人來說，性生活並不僅僅是「性關係」，「做愛」也並不能真正表達出完整意思。我認為更準確的表達應該是「讓愛流動」。在西方世界，性屬於被保護的祕密。當我們被裸露與衝動的大膽畫面淹沒，沒有什麼能像性這樣自然而然地讓兩個身體之間充滿激情電流。男人女人之間也沒有什麼能比性代表更多承諾、更令人迷惑，更容易受傷害。

在今天看起來一切都有可能，一切被允許。但帶來的不是洋溢的熱情與長久的滿足，根據我的經驗，得到的反而是罪惡感，還會受自我懷疑折磨。人類自然的性關係完全被性技巧湮沒。我們失去了與生命活力的聯繫，忘記這股大自然活力能夠輕鬆活躍地透過身體表達，也忘記生命是如何充盈地流動，並且用愛充實我們的伴侶。我們的性原本具有神賦予的純潔，但已被「一切都是可行的」訴求取代。越來越多的人迷失在這深淵中。

這些人的精神和心靈被無數媒體不斷製造出來的性資訊淹沒。不僅成人會在媒體的擴大影響力下窒息，更可怕的是對青春期少男少女的影響。報紙上曾登載了一個年輕女孩的報導，她對自己的初吻感到非常失望。之前她認真研讀了青少年報刊上關於接吻的二十五種姿勢，結果卻令她挫敗：「我試著完全按照說明去做，卻找不到一點感覺。」青少年可以在任何地方研究並消費他人的性關係，電視台會播放黃色短片，只有最漂亮、最善解人意、最有魅力的才能出現在晚間電視連續劇，青少年讀物中有性諮詢和技術說明。青少年還沒有完全確定自己的性傾向，對自己的身體和吸引力仍充滿懷疑，就已從媒體上目睹了各種性高潮畫面。

這些絕不是引導青少年的方針。一項針對十四至十七歲青少年的問卷調查顯示，這個年齡層的青少年只有三分之一有過性經驗。被極度渲染的第一次對近乎半數的女孩來說，感受不是「沒什麼特別的」就是「不舒服」，或者她們完全被「內疚」所籠罩，體會不到快樂。德國聯邦健康總局一次針對青少年性經驗的調查顯示，媒體大肆宣揚的畫面對沒有性經驗的青少年影響強烈，以致大部分女孩在第一次性經驗時，最緊迫的念頭是自己是否「做得正確」。另一項調查顯示，三分之一的青少年對自己在床上是否表現欠佳感到擔憂。

性事、做愛──只是看上去美好

根據諮商中得到的經驗，我確信，幾乎所有人都沒意識到這種性速食帶來多少精神與身體的殘疾。一而再再而三有人因為錯誤的認知前來諮商，他們已多年不再有性生活，或在性愛過程中體會不到充實的感覺。他們都覺得自己已被蓋棺定論為性無能，因為透過白紙黑字的問卷調查結果顯示，別人都能比他們獲得更多樂趣。德國的伴侶每週至少有兩次性生活，東柏林的人甚至一夜就有兩次。我們在超市、三溫暖甚至大街上遇到的人中，有三分之一的人透過噴濺的奶油、香檳或橡膠與皮革道具享受感官上的樂趣。

這樣的統計結果看起來像是其他人什麼都可以，卻導致無數人迷惘困惑。他們無法理解和接受身體確實的需求、性愛能力的局限，以及情感上的扭捏害羞。而且人們忘記區分這份統計結果與德國臥室裡的現實差距：即便是正規學術機構做的匿名調查，仍會有三分之一的人因為恐懼而拒絕回答問題。諸如：你多久會有一次性生活？你喜歡採用什麼體位？你使用什麼性道具？大部分這樣的問題不會有人回答。那麼剩下的問題呢？誰願意承認自己性能力不好？美國科學家在一個科學研究項目中另闢蹊徑，希望透過其他研究方式獲得真實的結果。他們選擇了三千五百名調查對象，對其中有些人追蹤多達十五次。結果顯示：四分之一的男性以及三分之一的女性表示，他們在過去幾年間根本沒有性關係，另外的四分之一表示做愛次數很少。

在電視節目、廣告、網路、報刊雜誌中，我們多多少少會收到感官享受、熱情與性愛普遍存在的暗示，每個人都唾手可得。因此，在自己的親密關係中感覺不到同樣的光彩、活力和內在滿足時，就會在自己或對方面前扮演假想的角色，沉醉在腦袋中的虛假想像裡，對真實的伴侶置之不理。我們裝扮、包裝自己，或感覺自己做得不對，認為自己沒價值。有一次，我的一位個案哭著對我坦白：「我坐在這裡，覺得自己像是個痲瘋病人……」她說她已經很長時間完全沒興趣與丈夫過性生活了。當她與丈夫上床時，她要不是假裝得到高潮，就是用各類性幻想讓自己興奮起來。事後她都會躲進浴室裡哭，並把自己洗乾淨。許多女性都跟我說過相近的遭遇。而男人的情況是：購買性產品的癖好或定期買春的事一旦被公開，大部分男人會感到羞恥並藐視自己。

不久前，我坐在車裡等人。車剛好停在市中心一家情色戲院門口，當時是午休時間。在我等待的期間不斷看到男人踏出戲院門口。獨自在一個小房間裡，或帶著一包面紙坐在電影院沙發中，究竟有多少樂趣？根據我在諮商中的經驗，我能瞭解那些男人剛剛在電影院中經歷了什麼，做了什麼，擺脫了什麼，又得到了什麼。所有這一切此刻都明顯寫在他們臉上。不論什麼年齡的男人，也不論什麼種族的男人，穿著體面西裝的，還是頭髮油膩褲子邋遢，不論矮小、高大、肥胖、瘦削，他們看起來如此不同，但有一點完全相同：他們視線空洞，低頭縮肩地走出戲院，快速地離開。他們顯得十分不安，好像其他人都在注視他們，但首先被自己的羞恥心追逐。當我的視線尾隨他們離去時，內心升起了一股感傷，不禁對他們產生極大的同情。他們有多希望自己能使一個女人真正快樂？

男人常常會向我解釋，他們為什麼要去買春或買色情刊物，為什麼私下把一小部分財產花費在妓院，或者等妻子睡去時，整夜泡在色情網站上。他們的描述像一種疾病的進程，像一種癮，起因幾乎都是察覺到自己不夠好。在他們意識中某個黑暗角落裡潛伏著一種感覺：「我不中用，我無法讓妻子快樂，無法讓她接受我、真正得到她……」他們的身體也極度期待自己能擺脫困擾，獻出自己，與一個人真正結合。

糟糕的性生活會終結你的婚姻

好萊塢影片、統計數字、廣告宣傳——男人和女人一樣，身陷大眾媒體追逐理想畫面、理想伴侶、理想姿勢與理想頻率的大海中，深深感受到壓力。最後他們被增長的需求驅使，竭力要求自己的一切必須盡善盡美。我認為，表現出色的壓力，以及精神上情感上的疲憊，是目前阻礙人們得到性愛快樂的最大原因。整個世界都忙著揠苗助長提高性愛頻率，以至於人人「必須」每週有兩次性生活，而「每個月只有兩次」性生活則變成判斷婚姻裡缺乏性的標準。正是這個要求、標準和比較導致人們性致缺缺。在性愛裡享受到忘我、放鬆、自在，才能使身體感受到愛。現在的性愛卻講求技巧，受到控制，或是有過多性幻想與理想，因此完全失衡。正如我在本書開頭所說，有百分之七十的離婚是沒有必要的，個案們羞恥纏身或因為成癮而失態的自白讓我相信，有同樣高比例的婚姻長年沒有性生活，或只當作例行公事，兩人的心沒有結合在一起。

沒有人敢說：「我們性生活的次數很少。」就連有勇氣對一切數量要求置之不理的人，也無法打破禁忌要求瞭解性愛頻率的準確統計數字，也無法表達自己心中有沒被滿足的地方並因此飽受折磨。無數結婚多年的伴侶感覺他們的關係陷入一個週期，他們的性愛只是不斷重複，缺乏新意和創意，更不可能有魔力。性感內衣、色情影片、角色扮演、性愛趴、交換伴侶——這些都無助於溝通與交心。也許伴侶間依然相愛，但是上述手段無法使他們用身體來表達自己的愛。這些手段只會讓伴侶關係枯萎變質，或導致兩人不斷起口角。婚姻遲早會以離異告終。

以我個人經驗來看，「性慾」是導致所有伴侶生活分裂的核心問題。當兩人走到進退維谷的絕境，等待他們的只有離婚了。分房與分床不能解決實際問題。經過一段時間，內心焦慮會再現，迫使自己去尋找性靈合一的可能，讓身體得以表達自己的愛。這份渴望出自人類本能，並處處控制我們，在生活設施、習俗與道德裡，時時都可以感到這份渴望的蹤跡。從長遠來看，其強度遠遠超過伴侶關係初期的亢奮，縱情狂歡和性幻想也不能讓它緩和下來。這份渴望使我們想起我們真正想要的：把原本的自己完全交給另一個人——並且完全去愛另一個人真實的面貌。

性慾的死巷

我們對性的問題都很迷惘，以至於不斷檢視自己的性生活頻率、性技巧和伴侶。但幾乎沒人真正體會過真實且深度結合的情愛，更少有人認識到肉體之愛的精神力量。根據我的經驗，幾乎所有人在性事上都在開始階段做得很好。互相承認自己對此一無所知，或承認我們瞭解的一切無法滿足我們的渴望，那麼大家都會輕鬆一些。只要如此相信，我們就能真誠地接納伴侶，不會傷害彼此，把身體交給他並且癒合傷口。社會、傳媒和教育體系都沒教我們這些。

我們對肉體之愛所知甚少，西方世界探討身體自然的「愛的流動」，就像沙漠民族談論雪一樣。年輕人汲汲營營地追求真實親密感與接近毫無結果，只得到肉體的啟蒙。如此我們今天獲得性經驗越來越容易，越來越早，也越來越多，也同樣程度地得到說不出口的不安全感、恐懼及羞恥。許多年輕人不是將性當作本身的自然活力來體會，還對身體產生反感、懷疑與猜忌。這些會原封不動地保留在體內，日後每一次嘗試肉體之愛時，都會啟動這些舊日陰影。大部分時候我們對此一無所知，只是感覺到性冷淡、陽痿，或沉溺在不斷追求新刺激裡不能自拔。

下半身與心靈之間

愛情生活使我在「飄飄欲仙」與「沒性趣」兩個極端間搖擺。你也許會驚訝，但你的伴侶確實一個比一個乏味，不能令你滿足。於是我們喪失了性趣，感到自己麻木枯竭，心也隨之破碎。在尋找肉體之愛與性趣的旅途中，我們對性與真愛的夢想不知何時已被占有的念頭、嫉妒、自我犧牲、貪欲、猜忌和背叛所摧毀，只好步步為營地收回身體的感覺，壓抑並封鎖性慾，甚至譴責它的存在。即便我們排擠痛苦，拒絕承認身體渴望被愛，性仍然擁有它的權力與威力。它在暗處與我們相遇，伴侶就是我們最常走入的暗處。一旦我們將性趣驅逐，他便會對此念念不忘：他不斷需要，總是夢想得到，他的能力空前強大。如果他總是得不到，便會向外尋找：聚會、酒吧、網路、牛肉場或妓院。

如果我們控制性慾，不讓自己在一見鍾情下陷入內在或外在貪婪好色的陰雲中，往往會導致生活中某些部分變得冷酷無情，身上有些東西逐漸死去，我們慢慢異化成一種非人的存在。如此一來，性慾保住了它的權力。如果我們不能治癒傷口，不能排擠並控制傷痛，性慾就會像一名可怕的地下游擊隊員，在我們意想不到的地方冒出來。為了不再陷入喪失性趣、自以為是和譴責的死胡同，我們別無選擇，只能再次設法面對身體與破碎的心，將性與靈連結起來——讓體內的愛河自然流淌，水到渠成地回到我們自身的本原。

貪色之徒也飽受心碎之苦。他們不斷更換情人，大部分是因為他們對愛情絕望。所有長期穿梭於不同床幃間的偷情者，其性能力都不如熱衷於誘惑男性的性感女神。倒不如說他們是迷路的羔羊——試圖利用下半身來尋找那只能用心來獲得的情感，因此，他們和性冷感的人一樣，也會心碎。他們也希望能逃避這個痛苦，只是心有不甘——他們還在掙扎，還在尋覓，還在索取。他們被驅使著，去追求新的刺激，新的冒險。

一旦把性當做毒品來消費，實際上是為了治癒過去的傷口。我們在尋找早已喪失的一種連結。有時我們想給予對方愛，得到的卻只是性；有時我們想將真心送給對方，卻被占有欲控制。一切雖已成為過去，留下的陰影仍植根內心深處，以至於我們四處尋找與他人的連結，卻永遠無法找到。即便找到了，也無法保有，因為往日的裂痕還在，橫亙在我們的下半身與心靈之間。

我相信，今天每個人與每段關係都會把性行為當作治療。陷入婚姻危機的伴侶前來諮商時，他們對性行為的描述通常分為兩種類型，一種人表示：「我們已很長時間沒有性生活了。」另一種人則說：「我們之間一切都完了，但在床上還行。」在第一種情況下，伴侶之間連結已中斷。但根據我的經驗，只要仔細觀察第二種情況的人，仍然能看到同樣的問題。外遇和沉迷性癖好不僅出現在衝動型的關係裡，也經常出現在性冷感的關係裡。

性是武器

蕾貝卡走進我的診所時看起來不知所措。她最近發現，她丈夫有很長一段時間固定去妓院買春。「但我們在床上一直什麼問題都沒有！」為什麼丈夫要去找妓女？她無論如何也想不明白。在談話過程中，我們逐漸理出一些頭緒。原來在他們的婚姻生活中，性成了最鋒利的武器，是引發權力鬥爭的導火線。蕾貝卡利用自己的身體與丈夫周旋，當她感覺無法觸及他時，她就會誘惑他；有時她會按照他的願望加入遊戲，然後迫使他就範；有時候她希望能有更多時間接近他，他會得到「允許」，她則任其發展；有時候她會以退為進，用拒絕的方式刺激他的欲望，以便不斷證實自己對他擁有權力。在各種聚會歡慶的場合，他們很快就會分道揚鑣，各自四處調情，透過眾人的眼睛來測試自己在自由市場上的機會——當然，他們不會太過火。

有一次，蕾貝卡在談話中十分坦然地描述自己與丈夫的性生活，她的話甚至涉及到隱私的細節。這些話使她突然醒悟到什麼，如同「按下了開關」：「我仰面躺在床上，因為我丈夫極用力地進入我的身體。疼痛使我突然清醒。我驟然從幻想的世界回到現實，同時意識到，我的身體完全不願接受我們剛剛做的一切。有一瞬間，我差點就要發出哀號，但這種感覺稍縱即逝，於是我像著了魔似地繼續與丈夫做了下去。」蕾貝卡發現，在她的婚姻中幾乎沒有真正的接近和瞭解存在。她很少能完全信任地向丈夫袒露心事、表達願望，而在他們兩人的生活中曾經發生過許多事——包括在床上，但她很少能體會到兩人之間真正的共同感和同一感。她首先意識到，其實從婚姻的第一天起，她就一直擔心自己會失去丈夫。在他們相識之初，他還與另一個女人有關係，之後才選擇了蕾貝卡。

從那以後，不安全感一直折磨著蕾貝卡。她從沒感到他已完全選擇了自己。她總是害怕有朝一日他會走開，或投入另一個女人的懷抱。為此她想方設法用刺激的方式來征服他。她一而再再而三地感到，她必須證明給自己看——這點燃了她的激情。但她的心靈卻從未在這段關係中安寧過，她也感覺不到自己確實被對方所愛。後來，蕾貝卡的丈夫也參與了諮商。他的日子過得並不比妻子強多少。他感覺自己極度渴望溫暖。「我妻子總是對我提出各種要求，而我從沒有做對的時候，她經常四處抱怨，牢騷滿腹。說到底我們的婚姻很累。」他一副心灰意冷的樣子。雖然他們性生活的次數越來越多，強度越來越大，但他也覺得自己越來越空虛。

性一旦被利用或當成征服對方的武器，就會變得空洞、貪婪，或者死去。有時候，性會被當做操縱手段來濫用，施加給我們原本愛著的人。它常常決定了人們是否有依賴性、吸引力。我們利用自己的身體來吸引或抓住別人，於是剝奪了身體最大的能量和性關係的治療作用。今天，最常與性連在一起的感覺就是恐懼。而性原本應該是愛的載體，是一條通道，能使我們擺脫孤獨與悲哀的特立獨行，能使我們真誠地給予對方，並與他人建立深刻的關係。你可以看看一個嬰兒，他身上充滿著生命活力和與外界的連結——性是我們從自然中獲得的交流方式，它應該帶給人快樂，能在人與人之間架起溝通的橋梁，它首先能使我們表達愛。那麼，如何才能實現這一切呢？請閱讀本書第二部第五章。

第6章
復仇女神與懦夫

我們渴望和諧與合一，最終卻不得不承認，男人確實來自火星，女人來自金星。兩種性別的運作方式完全不同——這個事實對伴侶關係來說其實並不糟，成熟的伴侶生活反而需要來自兩性完全不同的能量。真正的問題在於：溫柔的女性中有太多人變成了復仇女神，生為上帝寵兒的男性則退化成膽小無能的懦夫。於是，女人失去了女人味，男人喪失了男子氣概。

誰有勇氣和耐心去考察伴侶關係的核心，就會發現女性對男性的仇視和男性對女性的恐懼，儘管我們已進入了二十一世紀。兩者都源自最原始神聖的性的本質力量，在歷史長河中演變成扭曲變形的傷疤與硬繭。女性天然適於受孕，她的生理結構決定了對男性的敞開與接納。造物神妙使男性處給予地位，他活躍、精力旺盛、能繁殖。我在諮商時，腦海會浮現一幅象徵兩性特徵的畫面，深刻反映出兩性的真相：女性如湖泊，男性如同注入湖泊的河流。湖水是否清澈，是否充滿活力和健康，取決於供給水源的河流。如果河流在注入湖泊途中遭到污染，就會將毒素和廢水不斷灌入湖泊中，而這一切他不能左右。每個湖泊都會與供給水源的河流狀態相同。

我很清楚，我描繪的這幅圖畫在現代社會中很可能招致強烈抗議，會被主張兩性平等及性解放的人指責為中世紀反動觀點。但我確信，它顯示的是真理！誰能全神貫注投入這幅畫，深刻地認識它，就能發現其革命、首創的力量。當男性與女性重回到各自的本原便能獲得這股力量。如果女性只培養教育男性，對他們挑剔抱怨，吹毛求疵，目的就是為了能像男人那樣擁有權力，以保證自己不再受傷害，或如同圖畫所象徵的，女性以此保護自己的湖泊不再受到河流污染。儘管她們是為此而築起堤壩，自己卻在堤壩後面變得越來越乾涸。女性試圖換一種方式改造她們的男人，她們四處抱怨，開始「垂簾聽政」——女性扮演起男性的角色，就會失去女性特有的溫柔敏感和獻身精神。她們變得越來越強硬，被迫成為男性世界中的二等公民。對此，女性又一再地譴責男性。

「唉，男人啊……」這樣的表述似乎是母親一樣的寬宏大度，對男人的不滿一笑置之，實際上卻傳達了女性的怨恨。你可以從每個女人那裡聽到這種抱怨。潛意識裡的輕視隨處可見。對女性來說，重要的是她們相信自己愛的無限能力和如地震儀般準確的天然直覺。我無數次看到許多女性很早就感覺到自己的婚姻或生活出了問題，但只有極少數人能完全相信自己的直覺，並以最大的勇氣和力量跟著直覺走。一個女性的身體帶著失調的認知按照男性的方式行事；一個女性的心靈帶著束縛制約的感覺，回應男性的策略以及打上男權烙印的社會系統。這種現象有多普遍？究竟有多少女性能真正信任自己的身體和心靈，然後採取行動？從前她們不得不忍受並堅持下去，或用取消愛情當作手段來保護自己。今天她們投入競爭，沉迷於夢幻的空想世界中，或最終在怨恨中離異。

究竟女性有多相信她們的愛具有轉化力量？有多信賴自己感覺的真實性？有多聽從自己的心？她們能站在男人立場上，用全部的愛，用女性特有的奉獻精神，用她的信仰堅定不移地為兩人的共同生活爭取一條新道路，打開新局面？事實上女性常常在男性權威和統治者面前敗下陣來——女性屈服於男性，也屈服於貌似有理的各種知識和經濟上的控制權。女性為對抗男性的強勢而採取保持沉默、巧施詭計以及勾引誘惑等手段，但她們還是不能信賴自己的直覺，仍不能在愛和信任的基礎上經營自己的婚姻和生活。雖然有許多女性對由男性掌控的線性發展系統，以及被男性愚昧所壓制的婚姻生活感到不滿，但她們自己又為改變這種現狀做了什麼呢？她們無法相信，自身的愛能擁有無限力量，她們能夠憑藉愛的力量去建立新的系統和新的關係。

迄今為止，婦女解放運動並沒有使女性真實認識自己。儘管女性由此獲得了新的自由和空間——女性對自己的認識能不同以往，她們能夠去發現，自己也可以獨立自主，擁有智慧和創造性。但很多女性在與男性占統治地位的古老系統鬥爭時，首先喪失了自我與理性。女性將男性押上審判台，向整個世界控訴他們的罪狀，男性的統治地位如何在她們的生活中製造了悲苦與傷痛。她們呼籲婦女們起來反抗，卻放棄了女性特徵。她們首先忘記以批判態度來審視兩難選擇中自己應負的那部分責任、自我犧牲精神、自己的生活舒適度和對自身能力缺乏信任的問題。通常女性在與男性統治地位進行鬥爭中，並不能強化自身的女性力量，反而變得比男性更固執，更充滿怨懟，更不屈不撓。在男性的陰影下，女性不得不以暴力手段來操縱局面。

儘管有上述種種問題，但對女性來說，至少世界發生了很多變化。長久以來她們已不必對一切逆來順受，無需將自己放在從屬地位，至少在我們的文化圈中情況確實如此。女性認識到自己的權力，能瞭解發展的可能，並有權做出判斷和選擇：大多數的離異是由女性先提出的。但在我們女性心理的陰暗角落仍埋藏著對男性的恐懼，害怕男性的統治權威，害怕男性的性慾。在另一個陰暗角落中則埋藏著對男性的仇恨。

受傷女性的哀歌

有次我參加一個開放給男女學員的伴侶治療課程。有一天的活動是男女分開進行。女性集中在一起共同瞭解女性特質的根源，男性也一樣。我過去很少能像那天一樣深深地震驚與觸動：當時大約有二十名女性在場，其中一項活動是每人拿一面小鏡子，在大教室內找一個不會被人看到的小空間，任務是脫掉自己的衣服，花半小時從鏡子裡觀察自己的乳房和生殖器官，並且與身體交談，傾聽身體的聲音，體會它的感覺，回想生活中乳房和生殖器官經歷過的一切、記憶中儲存下來的一切。過了十分鐘，教室內的寂靜突然被幾處冒出的哽噎抽泣打破。輕微的啜泣逐漸擴大，演變成壓抑的嗚咽與哭泣，從幾個人擴大到整個小組，聲音越來越響，直至教室充滿沉痛的哀歌。

然後女學員們重新穿上衣服，聚集起來。這個課程的目的在給身體一個機會，釋放壓抑在悲傷底下的力量與能量。教室內一直播放著一種原始自然的古老音樂。學員們可以隨著音樂節奏和韻律自由舞動，表達自己感覺到的聲音。接著又是幾分鐘的尷尬停頓，但隨後所有人都像變了一個人似的，原本的母親、學生、商人在突然間都變成了強大的復仇女神、激憤的女戰士和暴怒的女人，教室裡充滿跺地聲和威脅、控訴、暈厥的喊叫，好像隨時要爆炸。我在這一天與其他女性共同的經歷已超越每個人各自的痛。這是女性最原始的經驗。

我們每個人不僅具有個人的潛意識，每一個細胞中還承載著集體潛意識——也就是所謂的社會歷史遺產。這份遺傳學意義上的遺產體現在女性細胞中，也許是女性在過去數百年來被征服、被強暴、被奴役的迫害史，是被焚燒的女巫以及無數孩子與死嬰的吶喊。人們在最近幾十年才瞭解到，集體潛意識也像性高潮一樣能夠一再重歷。在最近一百年歷史中，同樣的細胞承載著被禁止、祕密的和威脅生命的墮胎資訊，儲存了婚姻的責任，經濟上的依賴，以及意外受孕等資訊，它還能從最新的遺傳歷史中講述女性為獲得認可、職業上的發展與身體自由而進行的全部鬥爭歷程。但所有這一切，不過是整個遺傳因素的極小部分。

昨日的女性細胞知道，她們的前輩為了發展儲存潛能只走完了一半的路。它知道，它只激發出女性無限潛能中的一小部分；它知道，在它未被開發的儲藏中埋著豐富的愛，足以改變整個世界；它還確切知道，女性身體像地震儀般精確，完全值得信賴。對它而言，真正的解放意味著對自己負責，意味著自由，同時又與自然息息相關，與生活緊密相連。真正的能力及許可權與包含在大地及生命之中的知識，本能地連接在一起。它完全徹底地知道，它所屬的這個女性不必由外在的什麼來解放，而是必須完全投入她自身源源不絕的源泉，她的心靈之中。

一談到女性本質，探討的就不是孩子和職業生涯問題，而是如何以一種得自天然、本能健康的方式來處理孩子與事業——經營我們的整個人生。這關係到絕對無法以理性來把握，且與宇宙及深層存在緊密聯繫的心靈力量；關係到一種全方位接受生活的方式，與其相對立的那一面就是自我犧牲精神；關係到一種形態的知識，它只是存在著，卻無法透過學習去掌握。

伴侶關係表面上涉及的是男人或女人，其實關鍵的是頭腦或心。有次我與一位被妻子拋棄的男人探討其中關係，他解釋說：「我在最後只確認了，我的腦袋就是在發生撞擊的緊急情況下使用的安全氣囊，除此別無他用。我的腦袋只能一直繞著早已確認的真理打轉，它苦苦思索、研究、探索，最終發現地球不是平的——它事實上是圓的。地球原本就是圓的，現在也是圓的——就這麼回事！」

我相信，就像地球這個例子，女性的天然本質也如此。地球一直就是圓的，這件事根本不需要思考。它就是圓的，壓根就不可能是其他樣子。就算整個（男性）世界都相信地球是平的，它依然是圓的而且生氣勃勃。它別無選擇，只會如此存在下去，並等待在上面生活的男人有一天認識事實真相。

被許多女人否定或不再被認真對待的直覺力卻來自於本能，它包羅萬象，與天地自然緊密聯繫。一個認識直覺力價值的女性會重新活過來，她將學習信任自己，不再將自己置於從屬地位。她將更按照神祕的自然法則來調整自己的生活，就像南飛的候鳥按照自然規律遷徙。這樣的女性知道當她被愛時，或當她戀愛時，自己的感覺會如何。她不會再按照外面世界的狀況，或按照男人的標準來安排自己的生活，甚至不會為孩子犧牲自己。她將很自然地期待得到他們的尊重和愛戴。由此，在最好情況下，她會被男人奉若神明，在最差情況下，她會被看成頭腦簡單沒有邏輯的小女人，摧毀男人的理性，毫不講理。一位智者曾說：「你們男人必須明白，男人只需愛一個女人，不必去理解她。這就是你們該理解的。」

夢中的騎士與救星

追本溯源，早在遠古人類發祥期，男性之所以能相對於女性占據統治地位，正是因為身體上的強勢。誠然，在人類發展的漫長時期一切都有了巨大變化，兩性平等的價值觀念越來越重要。儘管原始時代早已過去，但它的影響仍深刻保留在我們的潛意識裡。就像今天我們身為成年人，仍然會從童年的早期經驗和印象出發來處理當前事務。我們身上仍保留著一些原始時代遺傳下來的行為方式和處世觀念，儘管這些在今天會成為阻礙發展的因素。

今天的女性和男性都清楚，男性並不占有絕對優勢，身體強勢也不是人類至高的特徵。那為什麼儘管認知這樣明確，女性仍長期處於劣勢？為什麼歷史發展到近代，女性生來仍不平等？她們向男性表達自己精神上、情感上、心靈上追求平等的自然要求，怎麼會長久以來遭到壓制？僅僅解釋她們仍是男性以及傳統男權要求維護男性優越地位的犧牲品未免過簡單。女性自己究竟在兩性權力之爭中有什麼貢獻？

直到今天，我們的細胞中仍然深埋著在黑暗年代被征服、被強暴的記憶，因此，在我們要求男女權力平等和婦女解放的時候，依然在心中暗地渴望強壯的男性和來拯救的騎士。婦女史不僅是壓迫史，也出現過女性為了獲得保護和供養而選擇捷徑的現象。時至今日，仍有許多女性不願為自己的生活承擔責任，而是讓男人來做決定，由他們供養家庭，並根據他們的方式和辦法來克服生活中的困難。

許多女性開始時也許還覺得很享受，能遠離職業競爭的戰壕，只需依靠丈夫生活。起初可能還為自己的本事和生活狀況沾沾自喜。儘管只有極少數女性能坦率地承認，但事實是，我們之中許多人不僅嫁給一個男人，也嫁給了他的能力：前途光明的大學生、心靈手巧的工匠、功成名就的經理人、才華橫溢的藝術家、榮華富貴的企業家、富有的法定繼承人。即便這些在結婚之初所期待的結果隨著婚姻發展逐步實現，大部分活得富裕安全的女性仍會非常迷惘。她們終於獲得自己一直想要的——但是感覺卻與當初想像的完全不同。這些成就並不能為家庭帶來生命力與活力。首先為成就耗盡心力的是男人，隨後不可避免的影響到夫妻生活。共同生活過一段時間後，女性會發現，男性的道路是多麼不完整。她們認識到，儘管這條路通往富裕生活或穩定的社會地位，但也通向一條死胡同，不會帶給她們內心滿足。

最終，依靠男人及其缺陷生活的女人只能自我懲罰，她們受到忽視，雖然沒有離婚，但是內心充滿怨懟和恐懼，生怕喪失眼前因依賴而擁有的舒適生活。這樣的女性對男性創造的生活不滿，對自己的狀況失望，她們的自我深深打上了無價值的烙印，因此她們仍無法信任自己的力量和女性優勢，也無法承擔自己生活的責任。因此男人繼續承擔責任，也承擔了一切過失：我們這個世界的現狀、經濟形勢、政治局面、我們的家庭、我們的性生活和我們的女性。

「看，我們過得多糟糕！看，我們的日子多空虛！看，我們為家庭付出多少犧牲！你們看看，我們疲憊不堪，沒有願景！什麼都沒了！」女人們帶著殉道般的自豪抱怨著。她們之中很多人確信，如果沒有她們長期無私的付出，她們的孩子會沉淪；也有很多人堅信，她們必須將孩子從不負責任的離婚丈夫手中拯救出來；還有不少女性覺得，為了愛的平衡，她們有責任為了丈夫事業而犧牲自己的生活。一位女權主義者對女性如此行為恰當地做了一個挖苦的總結：「唯一能使我們女人的生活重新變得更美好的方法就是：大部分男人都比女人死得早。」

當然，除了相互吐苦水的姊妹之外，女性中也有一些佼佼者比男人更優秀。前者的生活只是圍繞著為孩子當司機、做家務以及一些社會認可的副業，而後者可以在男性世界中占有一席之地。不久前，一個在國際知名時裝公司上班，工作很有成就的女性朋友解釋說：「就算在時裝業，居領導地位的女性也越來越中性化。她們精明能幹、風度高雅，卻不表現出任何一點女性特徵或優勢。」誰身為女性想擁有成功的事業，就必須學會如何在男人世界裡「打滾」，行動甚至比男人更有策略。

互吐苦水的姊妹們和比男人優秀的佼佼者，只不過是女性世界中兩種極端。兩者中間還存在著無數類型的女性，在不同程度上追求自我實現，努力完成自己的社會責任。過去十年間的婦女運動揭示了許多真理，但最終也只是不完整的真理。關鍵不是動用全部力量努力向上，為了重獲自由而奮力抗爭，而是女性如何最終認可並信任得之於大自然的力量和自己的自由。

事實上，女性與男性同樣擁有智慧和創造力，同樣有能力去表達自己，同樣具有精神上的力量，這就是女性的真理。為了能真正收穫婦女解放運動的果實，為了能使女性在社會中確實占有適當地位，女性必須承擔起自己的責任，結束被歧視的命運：越是對自己不得不接受男性創造的生活不滿，越是感覺自己變得麻木，內心的憤怒和怨懟越是強烈，負罪感越沉重，越是對男人抱怨指責、對抗鬥爭，她們就越是暗中期待能拒絕自己應負的生活責任，繼續扮演犧牲者的角色，並依賴男人的能力及收入生活。誠然，大部分時候這樣的期待完全蟄伏在潛意識裡。

不滿的女人背後都有脆弱的男人

不用說，這些抱怨不滿、憤懣好鬥、總覺得自己在付出的女人都有個男人——而且這個男人往往是個不敢正視自己真正力量的弱者。男性因為長期與同性競爭常常疲憊不堪。力氣的較量、獲得勝利或被征服等歷史，也儲存在他們的每一個細胞內。幾千年來，男性被鎖進追求權力、失敗和平衡補償所構成的苦難循環。勝利對男性來說是生存的必要條件。在爭取勝利的過程中，他必須考慮到自己有可能輸給一個更強的對手。但他內心的恐懼絕不能外露，他和對手都必須證實自己的價值和實力，必要時甚至得偽裝強大，儘管誰也不比誰厲害。或者，他必須找到一個更弱的對象，以便能感覺到自己的強大。

身為男人，他的能量在今天仍用於爭取空間與地位，平衡並補償自己的弱點和缺陷，只是很少有人為此鍛鍊自己的肌肉。如果需要展示身體強壯，現代男性寧可展示他的車馬力強大，而不是自己肌肉發達。當然，在更多情況下，權力遊戲會在男性腦袋中上演，生活挑戰的應對則會在理性層面上完成。大部分男性瞭解自己的能力，懂得自己掌握的技術手段，但他們不明白，究竟什麼才能使他們找到安寧和滿足。他們很瞭解這個世界如何運轉，卻感覺不到地球的生機。心靈究竟處於何種狀況，他們幾乎沒有概念。通常，他們對自己生存的質疑非常簡單，就是能否找到下一件事可做。大部分男性能分析具體事物，並理解其中的邏輯和關聯，但他們對愛沒有經驗，會將愛與征服的激動混淆，無法理解心靈的神祕。他們甚至從來不會明白，頭腦永遠不可能理解心。

女性對很多事不明白，但她們知道這些事都很簡單。瞭解這些不需要花很多時間，它就是存在，在尋求幫助時自然而然體現出來。心無法解釋它的存在，它既無法解釋，也沒有科學根據。所以我們的心在社會中很少得到認可與尊重。誰若是跟著心的感覺走，他就可能受到嚴重傷害，因為他永遠無法說出「因為」、「所以」或「因此」。他的頭腦——也就是男人——會得到更多重視：因為他有邏輯、有理性。他能對事物做出推理判斷，分析說明並佐以實證。他能解釋任何事物，卻不能感覺到。他總是在探尋真相，卻找不到通往內在力量的管道。

但男性一旦重新與生活全面連結，就可能在這個世界上、在我們的經濟生活中、在家庭內部，和他們的女人一起有所作為。確實，男性的優勢不同於他們的行為。一個男人追隨自身力量就能煥發生機，繁殖生命。首先，這樣的男人在做自己，擁有愛的能力——最主要的前提是他能給予愛，因此，在他身旁的女人不會因他而枯萎。

然而男人做的一切，都是在無意識中隱藏內在傷痕，同時在外部爭取更多的權力。一個男人早上離開家，宣稱他出門是為了供養家庭而辛苦操勞。晚上去運動，說是為了平衡身體而努力鍛鍊。愛跑得快的車，因為速度帶給他快感。真相是他要與其他男人較量，在所作所為中尋找勝利、競爭、權力。所有都該為他證實自己——他在這個世界上的價值——但他自己沒有感覺；也該給予他的生活一些他自己忘卻的東西——意義。他創造、拓展、奮鬥、再次被消滅，都該有意義。

當這個男人回到家，他很少會問自己：「我的所作所為究竟有什麼意義？我做的事為這個世界改善了什麼？因為有我的存在，誰會過得更好一些？」大部分情況下他完成了很多事，卻沒有什麼可以給予妻子與家庭。他只能看到他行為的結果，卻看不到他自己。許多功成名就的男士得到流感時就會像生了一場致命大病；

無數男人站在花店門口不知道買什麼花；面對遊戲中的孩子和妻子細膩光潔的皮膚會感到手足無措。無數的男人富有創造力，是經驗豐富、策略靈活的成功者，但在家庭生活中卻好像泄了氣的皮球那樣無精打采。男性透過他們長期爭取成就和勝利的歷史經驗學習到，自己必須將令人不快甚至討厭的感覺深深埋藏起來，偽裝出強大的模樣。於是即便談到生活與感覺，他們的行動也極為理性，始終瞄準著權力。就算隔離了自己的感覺，他們仍害怕女性洶湧的感情浪潮在他們毫無防備下襲來。他們遠離自己情感，因此更依賴女性充滿直覺的豐富情感。

女人賺錢，男人可以照顧孩子

無論如何，男性與女性一樣，在這場腦對上心、權力與脆弱的遊戲裡，雙方都被綁在同一輛戰車上。由於兩性中沒有一方的自身力量較強，於是雙方都希望能從對方身上獲得力量。女性尋求保護和關照，內心卻充滿怨懟，因為她們得付出喪失自主權的代價。男性雖然保有自由與權力，卻得強迫自己活在不真實的感受裡，隨時懷著失敗的恐懼。女性和男性一樣，在「不是這樣，就是那樣」的選擇中疲憊不堪，雙方都走進了死胡同。女性在追求平等的奮鬥中變得堅強，最終變成了復仇女神；男性在獨立自主的面具後面越來越無助，最終退化成懦夫。雙方都走到了極端。

一個健康的個體需要陰陽兩種性質的力量。這兩種力量的表達方式不同，理想狀況下能相補。因此男女兩性才能在共同關係中憑藉原始的本質創造生命，兩方都應當擁有最基本的自主權，承擔起自己的責任。婦女解放運動讓我們瞭解到，女性具有男性同樣的潛能，但我們是否敢於堅信，女性與男性同樣需要自主權、自我負責以及經濟上的獨立？我在諮商中從各年齡層女性身上獲得的經驗顯示：如果一個女性確實想奉獻，她首先要能信任自己。如果女性確實在生活中擁有愛，她必須感受到自由，靠自己做決定。為此，她得先學會承擔自己的責任。如果希望關係長期正常運轉，女性必須在物質上、智力上、情感上逐步自立自強。

我相信，做女人並不是當個有自我犧牲精神的家庭婦女和母親，做女人也意味著敞開心胸，憑著本能去接納，意味著做男人和孩子的榜樣，讓他們理解，當人跟著心的感覺走，生活會變得多麼充實、富裕與幸福。做男人不意味著要做到最好，而是要保持自我；不是要擺脫感覺、本能、家庭與妻子，好讓他能保持最佳距離來承擔一切。我確信，一段真正健康的關係能在發展過程中使女人跟男人一樣有機會展現能力，去工作並獲得收入，女人跟男人一樣都能照顧孩子，發展自己的個性；我確信，只能當「錢包和人前展示」作用的丈夫決不可能完整地贏得女性的情感並征服她們的心；我也確信，「我總是為了大家」的自我犧牲、操持家務的妻子，從來不曾釋放過她們的女性力量。

女人是開啟男人內心的鑰匙

有一次一位男士對我說：「愛你的女人不會提出要求。她們不想讓男人供養，也不需要保護。她們只期待被你所愛。」我很受啟發，女性需要如此去愛，才能全神貫注於內在的感受，由此找到內心的安寧與平靜，從內部自我調整、自我充實，重新找到自己的愛並感覺到愛的存在。

現今，兩性間的實際差異其實越來越少，自然吸引力和互補的欲求則越來越強，我們也越來越瞭解自己。我的經驗告訴我，正是女性帶頭走上這條從分裂到親近的路。只有當女性瞭解了自己的心，信任本能的引導，男性和女性才能真正靠近。

女人要擔任領隊，引領自己和伴侶穿越荊棘找回自己。抱怨自己的丈夫對這個沒感覺，對那個排擠，指責他們像機器人，心理幼稚——這麼做毫無意義。女人應該擦乾眼淚，認真坦露自己的感覺，勇敢向前邁進，為生活創造更好的價值。妳們會變強大，事業得到發展，生活更有意義。妳們的感情會改善，伴侶會因此而受到影響和觸動，這個作用遠勝過千百句抱怨和牢騷——孩子也會健康快樂。

ཙ

安娜格蕾是個成熟的單身女性，在辦公室裡，她是唯一的女性。她來找我諮商時已做過不少心理治療，十分熟悉心理治療的理論和手段，能詳細描述自己的病態症狀，分析得頭頭是道。就在她來找我之前，她的醫生根據她當時的精神狀況開出了住院治療的診斷，她幾乎要被送進醫院。

她告訴我，近兩個星期以來她只能不斷哀號。我們談話時，她一邊嗚咽一邊向我說明她的情況，描述她的感覺與想法：談男人、生活、她的恐懼和欠缺、在原生家庭裡被看成瘋子、怪人、精神病患。安娜格蕾每說完兩句就會停頓下來，膽怯地希望從我這裡證實自己的言行是否真的瘋了。我一再安慰她：我覺得大部分人看待世界的方式比她更瘋狂。

安娜格蕾不抽泣了，就在這個上午，她露出了笑容，說話也滔滔不絕起來，儘管她一直在講述各種擔心與不安。最後，她表示自己已經很久沒有像在這次談話中感覺那麼正常了。「我相信，我沒瘋。我只是需要勇氣說出我心裡想的話。尤其是在家裡……」幾天後我得知，安娜格蕾在家人逼勸下，白天不得不待在精神病院。她就在我們談完之後，她直接開車去找家人，向他們解釋為什麼她最近總是在哭。她想解釋的是，她不得不這麼做，因為身體在提醒她有內在創傷值得去關注和解決，這不是什麼不好的事。她的家人認定她真的瘋了。

我不知道安娜格蕾最終怎麼了，但我知道，這個女人來找我時並沒有瘋。安娜格蕾只是無數不能相信自己以及自己直覺與感受的女性之一。她在談話中經常無法堅持己見，置身男同事中間感到自己格格不入。她的身體渴望溫柔，渴望被愛，但與她現實的性經驗沒有太大關係。她一再試圖在眾人面前隱藏感覺，越來越不情願地把感情壓抑下來。

安娜格蕾從來也沒想到過，她體會到的格格不入可能正是一個準確的信號；她也從來沒想到，當她的身體和心靈需要一些東西時，這些正是她真正需要的；她沒勇氣大聲說不或承認自己的感受。所有一切都導致安娜格蕾漸漸與生活脫節，縮進自己心裡。她不再覺得自己有魅力，也對自己的女性特質失去信心。在這段期間裡，與男性交談讓她覺得困難，並且害怕進一步的性接觸。然而在這些現象背後，安娜格蕾更渴望與男人建立深層、充實、溫柔的關係。

女性別無選擇，最重要的是重新信任自己。如果女性最終能信賴自己的心、本能、身體，就能再次向男性敞開心胸，讓男性見識到女性的力量如何重要與寶貴。沒有女性的溫暖呵護、滋養哺育、承擔支持，所有生命都會死去。

第 7 章
兩人爭吵時，第三者毫無用處

婚姻日常、關係中的例行公事、銀婚紀念日：那麼沉悶、懶散、單調、沒有熱情。我們坐在家中，對另一半的動靜瞭若指掌，對話越來越少，而且事先就能知道對話如何開始，到哪裡結束，或者兩人不再商討具體的事，因為已經聽過無數次不滿意的回答。我們感覺到，也許是明確聽到伴侶對自己的批評，因此我們舉步不前或無動於衷。我們無數次試圖接近伴侶，中途總是遇到看不見的障礙；我們無數次渴望與對方溝通，彼此卻迴避沉默，或被拒在門外。

我們當然希望能與伴侶分享自己的習慣。許多習慣在自然而然間運行，重要的事當然要遵循彼此協定。此外，相識之初的美好回憶有時會從心底冒起，讓我們的臉上浮現笑容，或感受到意外的激情蕩漾。然後我們看著單調的現在，內心憧憬起刺激不預期的邂逅。我們就像前面提到的德國前部長沙爾平，渴望能擁有真正的生活。這些夢想才剛剛冒出頭，我們就已把它們扼殺在搖籃裡。為了不讓伴侶間的隔閡越變越深，我們阻止自己發夢，把夢壓在冰山底部冷凍起來，寧願去研究今晚有什麼精采的電視節目。

但是，一個陌生人從天而降！完全意外，一個純粹的偶然——我們覺得久旱逢甘露重新甦醒。在與他或她的相遇中，內心所有界限在一瞬間倒塌，心甘情願去冒險。終於可以再次滿心期待，夢想著完全奉獻自己；終於可以再一次去愛，再一次去活。在外遇中，我們通常能經歷到更強的情感刺激與性的解放，這些在我們婚姻中很難（大部分也不能）體會到。我們感覺自己觸了電，全身膨脹著生機與活力。體內激情流動，一股電流讓我們興奮起來，衝出黯淡消沉的日子，彷似終於在平淡如水的婚姻、家庭和伴侶生活中，殺出一條通向黎明的坦途。

我們無法做決定，無法做安排，甚至無法正常地處理例行公事。我們像發了高燒，一心期待著下一個電話、下一次約會、下一次親密接觸。祕密情人對我們而言就像糖尿病人的胰島素——不斷需要再來一針，否則我們的活力會下降。沒了新補給，我們會回到受不了的生活，喪失意義的普通日子，意味著回到監獄。在畫地為牢的日子裡，我們無數次問自己：「一切真的應該是這樣嗎？」

外遇──靈藥還是毒藥？

外遇讓我們不再沒有希望、不知所措。眼前一切完全不同於家裡的一成不變，緊張精采多了。未知的新鮮與禁忌讓我們沉醉在快感裡，如此的刺激導致腎上腺素大量分泌，讓心跳加速。地下戀情是祕密的，不被允許的，受到各種限制。說的每一個字、每一次相見、每一個接觸，都因為充滿風險、有點禁忌、有點危險而難能可貴。每次說話、約會和親密時，我們都得像銀行搶匪一樣小心翼翼，絕不能觸動警報。若想盡情享受珍品，就必須保密到底。最多跟一個要好朋友或一個忠實知己透露，平常只能將快樂悶在心裡，絕不讓戀情曝光。

伴侶、孩子、家庭等在外面──尤其是自己的罪惡感。正當我們與祕密情人相會，沉浸在激動的高潮中，一想到自己的家庭就會受到良心譴責；我們把外遇當靈藥品嚐，人還沒回到舒適的家，快感的靈藥就已變成了毒藥。從前我們也曾對這個家懷有夢想，但現在家裡剩下什麼？家的要求嚴格，要遵守一定的習慣，讓人感到挫折、精疲力竭。我們已經對家裡有些東西感到厭倦，現在在外面滿足了饑渴，回到家會覺得自己像個叛徒；原本承諾對這個家扛起責任，現在卻擔起了過錯，害怕祕密行為會造成不好的後果；原本有義務並願意永遠保障另一半的生活，現在卻轉過身，一心只要享樂。從前在家裡太常受到限制，被迫放下慾望，現在讓自己走出去，無拘無束地體驗新樂趣。

外遇總是先從心開始：我們在外面擁有一個祕密情人，無意識中在家裡就成了罪人，因為家裡有丈夫或妻子，他們代表著家庭、信任感與親密感。一旦有了外遇，生活就會自動分裂成無法融合的兩個世界。我們本能地感覺到這兩個世界存在，感覺到它們都需要在我們的生活中找到位置，它們彼此相屬，只是我們不知道該如何讓它們協調，長期地運作下去。我們置身三角關係，看起來只有二選一的模式：要不選擇親密與信任，要不選擇激情與活力。當我們舉棋不定，罪惡感會隨著猶豫增加。我們將傷害所有的人——不僅我們自己，也包括情人和伴侶。

罪惡感尾隨享樂而來

在三角關係中，我們會經歷最深層的內在分裂。三角關係會造成傷害，讓所有相關的人心碎。在三角關係中，愛只能像地下游擊隊員一樣，所有牽涉到的人都害怕接近彼此，即使祕密情人看起來完全不祕密。有些單身者會一再被已成家或有固定交往關係的人吸引。已婚者似乎具備了完美伴侶所有的優點和特徵，正符合單身者的夢想——只是這個中選者已經跟另一個人結合，不可能完全得到他。因此，希望與失望同樣強烈，而且越來越常交替出現。三角關係的特色是界限模糊。置身在預感、期待、恐懼和渴望的情感醬缸裡，沒人能清楚瞭解自己究竟在做什麼。當人陷入這個漩渦，他會害怕接近當事的任何一方，又無能與任何一方維持關係。

在關係中間的那個人通常沒能力選擇，因為兩個伴侶身上各自的優點，正是他期待從一個伴侶身上得到的。他徘徊在兩個人中間，比較他們的優劣，暗地夢想齊人之福。如果有朝一日必須選擇，他會感覺自己失去了什麼。如果繼續在兩個伴侶中間玩躲貓貓，他會覺得自己掉入了陷阱，被消耗殆盡。

做祕密情人的人會越來越渴望安全與保障，這些正是被欺騙的一方所擁有的。他的懷疑越來越深，開始與他渴望得到但不自由的情人起爭執。他怎麼能相信一個欺騙別人的人？他覺得自己有罪，因為他破壞了一份感情：就算在中間的這個人選擇了他，他也不可能得到幸福——幸福怎麼可能建立在被摧毀的關係上？

最難理解的角色是三角關係裡被欺騙的一方。在他背後發生或違背他意願發生的事，都是他自己狀況的折射：被欺騙的一方往往自己退出。當伴侶的心思不在他身上時，他通常也不再支持伴侶。很多時候是他一開始就沒有深耕自己的伴侶關係，從沒對伴侶完全負責任，全心全意接受對方。

我很多次與被欺騙的一方一起順著他們的感情發展回到起點。當我們抵達那個起點時，往往會聽到這樣的故事：「當我跟我的伴侶認識時，我正跟另一個人在一起……我不確定自己是不是真的想跟他在一起……我只是生生地被他征服……我有時會問自己：是不是真的要這個人，他是不是那個對的人……我對很多事都不滿意……我懷疑我們的關係很久了……」即便第一眼看上去，被欺騙的一方正傷心欲絕，然而大部分情況下，真相往往是另一種模樣：我通常會向被欺騙的一方或由於第三者出現而被遺棄的那一方提出下面的問題：「然後呢？你又是從什麼時候開始在心底拒絕這段婚姻？你從什麼時候開始只在婚姻裡扮演模範生？你從什麼時候開始懷疑你的伴侶，收回了你對他的信任和真心的關注？」

被騙的人往往最先背叛

當伴侶中有一個人出軌，另一個經常早在事情發生之前就已暗自放棄了這段關係。我們往往不願接受這個事實，寧可接受一個清楚的評判：騙人的是壞人，被騙的是好人。然而根據我的經驗，往往是被騙的一方先背叛了自己。他通常不能堅持自己和自己的信念，對雙方的共同生活與關係固執地保持極為概念化的要求，不讓自己投入一個不完美、有缺陷，但真實存在的伴侶的懷抱。被騙的一方往往覺得自己長時間依賴伴侶，雖然很不情願，卻不相信自己能擺脫這種依賴，害怕自己會因此受傷；他再也沒有勇氣面對真相，靠自己的力量生活。

那麼，那個騙人的人呢？有外遇的人經常如此形容自己的內心處境：「終於有一次，我感覺自己得到了認可；我終於可以放任自己一次；在這裡我不必再面對任何要求……」一個有三角關係的男人在跟我談話時表示，他自己也十分意外：「一開始我只是想能再有一次快樂的性體驗。可是隨後我發現，其實是我的心在尋找滿足。我和妻子之間從來沒有過真正溫暖的感覺。剛開始可能有過一段時間比較熱烈，但真正的溫暖從來沒出現過。」

如果我們在婚姻裡太久沒有情感交流，通常就會到另一個人的床上去尋找慰藉；如果一些重要感受在家裡無法體現，生命的活力就需要尋找出口。水會從漏洞滲出，我們的情感也會透過裂縫從婚姻中流失，將我們引到一段有活力的關係裡——從此陷入了婚外情。三角關係總會在我們壓力過大時產生，面對伴侶時有形與無形的壓力，自我封閉、自覺欠缺的一切和內在空虛，都會造成壓力。當我們無法真正與他人連結、無法治療舊日傷口的時候，最容易發生外遇。我們利用三角關係為自己對接近的恐懼找到一種向外的表達方式。第三者出現很少是偶然，往往是因為自己與伴侶已長期相對無語，或關係陷入了權力鬥爭。

在外面體驗到狂野、活力、心靈觸動、激情浪漫的時候，我們會感覺更沮喪與失望：「這些都是我的伴侶欠缺的……都是我們長久以來渴望的……」後面這句話是正確的，可第一句不對。所有生命活力、野性、激情、靈感，都不是伴侶欠缺的，而是與伴侶共同生活裡所欠缺的。所有人都渴望這一切！為了安全感，我們謹言慎行，努力適應環境，噤下難言之隱，閉目塞聽、壓抑、放棄，我們喪失了勇氣，隨波逐流，任由習慣和例行公事來引導我們的關係。這時，一個陌生人出現，我們確信從他那裡能得到想要的一切，他會為我們創造奇蹟，他就是一切。事實上我們是再次容許了自己，再次膽敢去冒險。所以我們會跟陌生人體會一些不敢在婚姻內嘗試的經歷。

第三者一旦出現，就是要面對的時候——不是要決定選擇誰，而是要看清真相。你應該走到伴侶面前，坐下來看著他的眼睛，對他坦白。你先構思一段話，話裡要留有括弧：每當想到（情人）時你心懷感激，因為有了他，你才能重新發現自己。去認真研究所有在此刻出現或回來的感覺，然後將括弧內的（情人）換成（我的渴望）或（我還未體驗過的面向）。對你的伴侶開誠布公、毫不保留地講述你的渴望和不曾體驗過的方面，告訴他，你想要感受和經歷什麼。做到這一點就像從高處往下跳一樣需要極大的勇氣——當你堅持你的渴望，堅持公開你的夢與幻想時，你會十分驚訝，懷著恐懼往下跳並經歷過痛苦後，你們之間會產生多少親密感、活力、更多新的可能。

三角關係中三個人都害怕接近

三角難題會推動當事人鼓起勇氣，朝著真實表白與接近的方向發展。當外遇出現時，三個人會一起面對最大的治癒及發展機會。三角關係裡全部三個人（！）都得面對自己對責任的恐懼、真正接近他人的恐懼。健全的伴侶生活需要兩個人不斷打開心胸、自我成長，因而重新融合成一個更大的整體。這件事很重要，如果伴侶雙方不能共同承擔，不能排除舊傷痛，不迎接關係發展中新危機的挑戰，他們之間就會感到欠缺。這「欠缺」的部分像真空一樣氣壓不足，直到壓力（必要時透過第三者）出現。在三角關係中，三個人一起能得到的效果是百分之百，兩人只能達到百分之五十或六十。

第三者體現出被欺騙一方發揮不了的部分。被騙的一方當然不願承認那可惡的第三者與自己相干，不願意跟那個人說一句話，不想和他坐在一起，不想面對他——這個人應該走開。這個人卻展現出被欺騙者欠缺的東西——不管被騙的一方願不願意承認。因此，我總是鼓勵被欺騙的一方盡量在心底真誠地分析這個第三者，這個人身上自然也欠缺了被欺騙一方所體現的東西。雙方的特性——被欺騙的人與第三者——往往大相徑庭，而且是對立的。

在中間的一方早就應該讓原來的關係走入溝通，彼此對質。他原本就應該是先鋒部隊，在婚姻中勇敢做新的嘗試，打開新的方向，拋開過去行為的沉痾，用耐心與不倦的責任心不斷激勵他的伴侶和整個家庭，引領他們邁向新的層面。他不僅沒有去做，反而逃避責任自欺欺人，夢想著完美的伴侶生活和獨特的感情，期待過另一種人生，不斷追逐新希望。

一旦生活裡有情人登場，他會說：這個人這麼特別，這麼有靈性，這麼自由又獨一無二，我覺得自己整個活過來了。但是他沒認清，是狀況獨特讓他活起來的，不是這個第三者。他在這一刻感覺到特別、獨一無二、有靈性——至少在開始階段——是因為他與情人之間沒有共同的舊回憶、不好的經驗和約束。

在我們平凡的生活、熟悉的環境、信賴的關係中，我們迴避所有會讓我們不快樂或痛苦的經歷，夢想所有可能企及的幸福，它就在天邊等著我們，腦中充斥各種可能的判斷與想法。結果是：我們把伴侶生活推到了死路，關係裡的活力遭到扼殺。我們用過去的恐懼和要求互相折磨，直到彼此有點穩定下來，這卻斬斷了體內的自然源泉。和我們在一起的不再是身邊的那個人，而是自己對伴侶的想像——這對我們身邊的人而言不公平。

這個現象有時候也會出現在情人身上。一次，有位女士來到我的診所，她經歷過一次婚外情，之後又回到婚姻中。她偶遇舊情人，她竟然大笑了起來。這次重逢令她難堪，卻也感受到不可思議的解脫：「我從前肯定是又聾又瞎。那時我確信，這個男人特別吸引人，魅力不同凡響。而現在，我再次看到他，就好像是毒癮過後清醒一樣：我看到一個消瘦、穿著邋遢的庸俗男人，說話還帶著重口音，我怎麼會喜歡過他？我忍不住大笑了出來，笑我自己終於從夢中醒來了。」

從婚姻的毛毛蟲到外遇的蝴蝶

從夢中醒來的魔力也會出現在我們奪回真實的伴侶，與伴侶建立起真正連結的時候。從史匹桑諾博士那裡，我得到一個治療婚外情和習慣性出軌的祕方：在他做伴侶諮商之前，他原本是個貪婪的人生學徒。他越來越常在短時間內頻繁地更換女伴，直到有一天，他不得不承認自己走進了死胡同。沒有一個新伴侶是理想的，刺激來得快也去得快。通常一段業已存在的關係和新關係之間會有時間重疊。最終他發現，每一個新女人身上的特點都恰好能彌補前一個的欠缺。他還來不及渴望，這些特點就出現在他的生活裡——當然是化身為一個新女人。

史匹桑諾當時不僅是情場老手，他對人類的意識和精神力量已頗有研究。於是他嘗試新策略：他依然全神貫注在他感到欠缺的，然而這一次他用全心全意去相信，他會在現在關係中發現他想尋找的東西。他不再像過去那樣逃避，而是深入地將自己與身邊的女人連結在一起，堅信他一直尋找的都體現在她身上。結果是個奇蹟。從這個經驗裡，他發展出關係諮商中十分重要的一種治療方法：將你全部的愛、關注與好奇還給你的伴侶，發自內心與他連結，用十四天時間全神貫注在你渴望的性格特徵上，堅信你能從伴侶身上發現這些特點——你的真實伴侶將會受到你的影響而改變。

史匹桑諾與妻子已結婚整整二十年，他們依然幸福地在一起，一同在世界各地做關係諮商。

每個人都可以走上這條路。每個人都能與迷失與分裂的部分人格重新合一，並信賴自己與伴侶之間愛的力量和各自的潛能。英語裡有個咒語充分表達了這種轉變，這個咒語是commitment，意思是「承擔責任」。你應該承擔起責任，使你的心靈與肉體合一，摘下你的面具，不再一直證明並捍衛自己的獨立，這會讓你逃避面對自己傷痕累累的心。如果我們成年人不能承擔，都是由於童年沒有痊癒的心靈創傷所致。我們越是將陳年舊傷埋藏起來，決定要對另一個人展現自己的脆弱時，就需要更多勇氣。

三角關係中任何一方都可以啟動這個治療過程。每個人都可以開始承擔真相，打開心胸勇敢地承認。連被蒙在鼓裡的受騙者也能感覺到伴侶生活出了什麼問題。尤其是中間的人手中握有王牌，能讓所有相關者都向前邁進一大步：他可以向原來的伴侶透露，他們之間出現了第三者。這個實際行動能澄清許多事。

通常腳跨兩條船的人會舉棋不定，不敢向伴侶承認第三者存在。我卻建議必須做。只有這樣才能啟動治療過程，這對所有相關者的發展迫切必要。一般來說，此舉將引發多年不曾深談的伴侶開始對話，能讓當事人宣洩積壓在內心的大量痛苦情緒，儘管他們都不肯承認。中間的人常常不肯在第一次自白中透露情人的名字和身分。但在這一點上我仍堅持你該說出真相。只有當一切都擺在桌面上，才能使所有人前進。只要第三者還是個祕密，他在你的婚姻關係中仍會占有位置和權力。所以，要解決婚外情就是坦然招供、說出實情——非常艱難的挑戰，但不會再有比這更難的了。「究竟誰是我真正的伴侶？」這個問題會妨礙我們瞭解真正要做的任務：「現在我終於學到要自己做決定，投身在一個關係裡，對一個人負責！」

走上這條路需要極大的獻身精神、坦誠與受傷害的勇氣。這條路也要求人們相對保守——堅持原則，保持忠誠。誰在性行為上不檢點，總是在尋找新刺激，經常更換性伴侶，就無法用這種方式康復。遺憾的是，科學和技術領域對心靈與能量的相互關係還知之甚少。我們也不太瞭解，當兩個陌生人在沒有愛與信任的情況下「發生肉體關係」時，其深層的能量交換如何進行。女性「將一切吸入體內」——如同能量吸塵器。男性不僅身體被抽空，連心也空了。

獨立比依賴還糟

請放棄想要獨立的要求。你知道什麼比依賴更糟嗎？答案就是獨立！——因為獨立是長久不去依賴。你應該對你的伴侶承擔完全的責任。這並不意味著放棄自我，只忠於你的責任意識。你們在一起可能已經很久了，但你仍不敢說出自己真正在想什麼。每一種未表達和隱瞞不說的感覺都很危險，你和伴侶中間會築起一道牆，影響兩人的親密關係。於是你暗中進行權力遊戲，依然靜靜地爭取認可與關注。然而——也許你最沒想到，這樣做就是在跟伴侶競爭——你希望比伴侶更優秀，讓他無法傷害你。如果你有勇氣，就表現出你的依賴與擔憂，這能治療與改善你們的關係。

真正的治療始於一個人承擔起對另一個人的責任。真正解決外遇問題，則需要有瞭解真相的強烈願望和展現脆弱的勇氣。隨後會是一段穿越沙漠的徒步旅程：傷害與一再背叛交替出現。打開與溝通的艱難階段看起來進程緩慢、遙遙無期。乾脆把一切都甩開——這個願望會不斷在你心底浮現，而且也會一再期待一位理想伴侶，期望能從外面找到理想解答。但如果我們相信別人身上擁有實現完滿關係的必要條件，這些條件也會在我們身上被喚醒。這麼一來，兩人中間被第三者趁虛而入的洞，會被真相與活力填滿。

不久前我有一個很棒的經歷。由於工作的關係，我一個人出差了幾天。一天晚上，我約好與一位男士見面。在此之前我只見過他兩次，還談不上真正認識。我們一起去吃飯，以便談論工作上的事。我很久沒有如此愉快的感受了：只需點到為止，不必贅言，氣氛很美妙。我們大笑，好像已經認識了一輩子。我們坦率又親密地協商，直言無諱。桌上似乎閃過電流相碰的聲音。我愜意地享受這輕鬆愉快的時光，感覺自己很輕盈，有女人味，被一位智慧有魅力的男士傾慕。

一切令我舒適與振奮。對我而言更特別的真實原因是：我很自由。我可以盡情享受一位陌生男性的愛慕，甚至可以沒顧忌地說出自己的感受。我問那位男士，他是否注意到氣氛有什麼不一樣？他微笑起來，輕輕點頭。我直接告訴他，被他誘惑讓我很開心。他很驚訝我的坦率。他回贈我一些奉承但中肯的恭維。我毫不客氣照單全收，並問他，他想不想知道我為何能如此坦率地與他談這些？他很想瞭解。於是我告訴他，之所以能輕鬆愉快自由，如此坦率地接受愛慕，是因為我與丈夫的關係非常緊密深刻。因此我一點都感受不到罪惡與羞愧，可以用女人的身分與他公然來往——所有的感覺非常美妙。這位男士確實是最適合這種開心場合的對象，他馬上理解了我的意思。

第 8 章 分手解決不了任何問題

分手與離婚越來越常見。一項調查顯示，自一九七〇年以來，離婚率已上升了百分之三十三，其中有一半婚姻以離異告終，最主要的離婚原因是外遇、酗酒、家庭暴力、第一個孩子出生後的改變、金錢糾紛和感情疏遠。我在診所裡和許多人一再探討原因。離婚的故事有時令人感傷沮喪，有時充滿惡意嘲諷與怨懟，有時甚至像八點檔連續劇。儘管如此，我還是瞭解到：不管真實理由是什麼，也不論這些理由多麼令人痛苦和不可原諒——離婚很少能真正解決問題。分手往往只是延遲去解決問題。

當男性來諮商時，我常用網球比賽中交換場地來比喻離婚：正手拍總是觸網，就算換了位置甚至換了對手，問題還是不會解決。站在新位置、換了新球網、面對新對手，擊球出錯太多也不會讓比賽結果變好。網球動作經過長時間錯誤訓練形成了習慣，只有一個辦法可以解決：針對動作校正，要麼改變擊球方式，要麼改變與球的距離。在婚姻中，如果球經常觸網，在今天會用迅速更換場地、頻繁更換對手來解決問題。也許這麼做很輕鬆，常常有新口味、新體驗，但不能提高自己打球的水準。長此以往，我們會感覺越來越空虛，越來越挫敗。

當伴侶對我們無所謂時，我們很少會離開。我們會離開，大部分情況——尤其這不是我們第一次離開時——是因為我們感到絕望、沮喪。我們不知該如何把球打過球網，不知如何才能擺平那些無法承受的負擔。大部分時候我們與伴侶已忍受過多次痛苦與傷害，渡過了無數難關——卻依然看不到改變和解決問題的希望。我們的婚姻已被榨幹，或變成了戰場。此時選擇離異是因為我們認為，放棄是唯一的出路，可以使自己不再受到傷害和壓榨。

分手，看起來是拯救自己的最佳方案。我們終於可以再次呼吸，惡性循環被打破了，平和安寧又回來了，傷痛也終於緩解。離異讓我們在船破落水時看到大海中有一座孤島，腳下終於又踩到堅實的土地。可是以後呢？當我們喘過氣來，第一個傷口癒合，再次獲得力量後起身四顧，不想自欺欺人的話就不得不承認，我們離不開這座島。有時我們為了與新情人在一起而離異，卻馬上與他一同擱淺；有時我們會被在島上結識的新戀情拯救。但如果想回到孩子身邊，回到家庭和原有的朋友中間，回到自己習慣的生活，就需要面對許多舊模式與習慣，得先穿越島四周無邊無際的大海，才能回到陸地。

分手的機會

我們一定得回到關係走不下去的那一刻，才能認清問題並轉化自己的心境，那麼離異就不是解決問題的辦法。如果離婚是最終唯一出路，至少也要利用這條路幫助自己成長與治癒。如果不是被迫，而是主動要離婚，我們能看到兩個很大的機會：讓我們分開的離婚也許會迫使我們去做那些過去不敢或不允許自己做的事；如果有意去做，就能拓展自己，獲得全新的能力。從這一點出發，離婚也可以為我們贏得復健的時間與空間。當我們抽身離去，回到自我獨處，傷口可以慢慢癒合，心能重獲平靜。經過一段時間休養生息，我們會重新感覺到力量。在這時等待我們的，一定是從前未完成的功課和未實現的發展機會。這是成長必經之路。

也許我們離開，是因為伴侶總是踩到我們的界限，離婚就是為了劃清界限。有時受理離婚案的律師會告訴我們，還有哪些可能性與權利，該如何爭取。但一段時間過後我們會確定，從外部劃清界限只是在拖延，最終我們還是得自己去完成家庭作業：學會善待自己，照顧自己，自己劃清界限，當心裡說「不」時，嘴上絕不說「是」。否則，面對自己的問題就只是時間問題了——問題不是出在過去伴侶身上，而是因為我們沒有明確劃定界限。

無論出於什麼原因想離開：因為伴侶越過了我們的界限，我們得到的太少，騙人或被騙，因為我們被控制，遭到責備——離婚可以讓我們暫時得到自己想要的東西。你也許覺得離婚非常危險，也許覺得離婚讓你終於解脫。然而仔細去看會發現，如果不能憑一己之力建立起能力和生活品質，離婚其實救了我們。當我們找不到共同解決方法，感覺不到希望，無力喚醒死氣沉沉的生活，當我們走進了死胡同，感覺無法忍受傷害，僵局難以化解，離異便成了唯一可能。於是我們熱切地辦理手續，全心全意地離婚。

全心全意的離婚意味著，我們有意利用與伴侶之間的距離強化自己，學習從這個安全距離裡去接納對方。這聽起來十分矛盾，但如果我們能與原來的伴侶找到和平相處的方法，就能真正地繼續成長，化解過去的積怨。離婚將我們引導到發作的痛點，傷口也許會加深，但這些不是離婚造成的。離婚規範我們——如上所述——大部分情況下只會讓我們看見兩人之間該做卻被忽略的事情。離婚強迫原本無所事事的母親變成獨立自主的女性；原本像家中客人一樣的父親和丈夫，週末會回家照顧孩子，變成有責任心、細緻體貼的父親。透過這種方式，我們真誠地面對自己的局限，被迫成長，儘管我們常常在回頭看時才認清了這些。在分離中，我們重新發現自己能夠獨立自主並且能互相尊重——我們可以好好練習，穩定地把球打過網。

也許你正在考慮要與伴侶分手，也許你們已經分居了，也許你正找到了一個新關係。我寫這一章的唯一用意，真的想傳遞一個重要訊息：說到底，離婚只是為了學會去愛。離婚是對愛的最大挑戰。只有當我們理解了昔日伴侶的行為，認清他的局限；只有當我們不再需要他，反過來給予他時；當我們最後能與他和平相處，重新向他敞開心胸時，我們才能真正擺脫他，才是真正的自由，可以迎接新的邂逅。

並且，只有當我們能與過去的伴侶友好分手，我們的孩子才能過和平的生活並找到依靠，內心才可能獲得完整發展所需要的豐富養料。

讓自己真正解脫

「去愛從前的伴侶，是為了擺脫他……」在我的工作中，沒有哪個觀點像這點一樣遭到眾多非議與質疑。也許此刻你也在用力搖頭。儘管如此：世上只有這一種方法能讓人不僅表面上和平分手，內心還能獲得自由。如果我們想要克服困難，就必須先接受它。如果你真的想分手，真的想擺脫過去的關係，你需要與過去的關係握手言和。為了找到真正的和平，就只有這條路：完全接受你已分手的伴侶，而且你別無選擇。

ജ

也許你誤解了這句話的意思，以為你必須不惜任何代價回到原來的關係裡。但我不是要你留在過去伴侶的身邊，不是要你不計代價和他一起生活下去。葛羅莉亞來找我諮商，因為她不想離婚。她丈夫因為別人離開了她。但她堅決拒絕接受這個事實，更談不上同意離婚。她丈夫對待她的手段與武器越來越強硬。在我們談話中，葛羅莉亞意識到丈夫實際上是「被迫」離去。她終於明白，其實她的婚姻早在丈夫離開之前就已變成陳腔濫調，她為婚姻做的一切沒辦法為伴侶生活注入活力。每次談到她反對離婚的理由時，她總會回到同一個出發點——她父母的離異：「我一直想給我的孩子做好榜樣——夫妻不應該分開。」

葛羅莉亞不求真正的內心相連，只反對離婚。這就好像有人對你說：「不要去想一頭粉紅色的大象！」哪怕你從來沒想過，但從你聽到這句話的那一刻起，你就開始想了。當你不惜任何代價想保有婚姻時，你就不可能享受快樂，不可能愉快地與人溝通。為了保有婚姻而做的任何努力——因為責任和義務，因為孩子和親友——只會讓你的關係癱瘓。在這樣的壓力下，愛情永遠不會發揮作用，你永遠也不可能走近你的伴侶，只會覺得越來越被他疏遠。你的伴侶也無法自然而然地與你發展密切關係，因為他在有意無意間也感覺到被利用，有壓力。從葛羅莉亞的婚姻來看，如果婚姻已失去了內在的力量和緊密聯繫，任何人為的補救都不會有用。在責任和例行公事的外殼下，不僅你自己會枯竭，你的伴侶也會被消耗殆盡，終有一天還是得面對你想迴避的局面：離婚。

這裡探討的不是義務、榜樣、承諾、不計代價在一起，我們探討的是愛——即使我們分開了。「……只有當我們去愛昔日的伴侶，我們才能真正擺脫他，才是真正的自由，可以迎接新的邂逅。」你或許在想：我想要離開這個人，因為他破壞了我的生活，甚至摧毀了我的一切，我怎麼可能去愛他？我們並不需要覺得昔日的伴侶很出色。愛並不意味著戀愛，也不意味著不走開，讓自己去配合別人，更不是要你逆來順受。愛是依賴的對立面，愛是自由——它不需要任何人，它只想去愛。愛是接受事實。

沒有和睦就只能依賴

在離異過程中，接受意味著認清昔日伴侶犯的錯與你無關。他做的一切不是為了傷害你，欺騙你、讓你受損失。他只是他，跟從前一樣。他也許不能實現你的夢想、滿足你的需要，也許你不理解或討厭他的個性。他重視的，恰恰是你不看重、不接受也不能尊重的。他對你的態度，也不符合你的想像。你有傷痛並不是由於伴侶做了什麼。因為你不接受，傷痛才產生了。一切越來越令你無法忍受，因為你對伴侶的行為與方式產生越來越強烈的抗拒與譴責。只要你還在痛斥他、抱怨他、譴責他、蔑視他，只要你和昔日伴侶沒有握手言和，你就不會放過他，他做什麼你都會覺得刺眼。你想向他索求——一次補償、一個關懷、一些改變。你還沒有滿足。

「他一天到晚只關心他的工作。」女人常常如此控訴她們醉心事業的丈夫，把這件事當分手理由。這樣的控訴大多表達出被忽視的不滿：海蒂稱她那成就斐然的丈夫以及他的合作夥伴是「大男孩」，或乾脆稱他們為「精神殘廢」。他們只想不擇手段地掙錢，沒有真正的朋友，更沒有時間給自己的家庭，屏棄私人生活，目光狹隘地盯著職涯發展。海蒂熱衷於追求精神生活，她敏感、熱心，為了孩子放棄自己似錦的前程。海蒂的丈夫有一天突然收拾行李，不顧妻兒搬去比自己年輕很多的女同事那裡。儘管他很富有，卻不願意給妻兒任何經濟上的保障。海蒂被丈夫離棄了，此後在任何關係裡她都覺得自己正派有理。

分手後，海蒂與丈夫只透過律師傳話。海蒂拒絕與他接觸，拒絕與他溝通，不准他進入他們從前共有的房子。他們之間甚至沒有通過一次電話。他們在公共停車場交接孩子。海蒂的丈夫與原有家庭距離越遠，越拒絕關心他們，海蒂就越拒絕與他接觸與溝通。她越這樣做，她丈夫的反應就越變本加厲，她又再要求更多限制。海蒂一再強調，自己和丈夫沒什麼好談的。她不斷用冷酷蔑視的語調談他，用高高在上的冷笑描述他的行為。

只有深入談到他們共同的過往時，她才會被突如其來的罪惡感擊倒。她與丈夫開始交往時，她的心還沒有完全自由。他們結識時，她還與另一個人在一起，但是她很不幸福。她丈夫將她從那個人手上奪過來。在談話中，海蒂才明白，婚後她有很長一段時間心裡一直牽繫那個人，並且很少親近自己的丈夫。談到今後的生活時她很憂慮，而且不願多談。她無法不擔憂經濟問題。

透過我們的談話，海蒂已經認清她對分手的焦慮主要集中在經濟問題上。當她失去丈夫保護的那一刻，當她被逐出安全的家庭環境時，她也在為金錢奮鬥，就像他丈夫和那些做生意男人這些年來做的一樣。她曾經那麼看不起他們。她不得不承認，在堅強沉默的面具後面，她心裡懼怕丈夫，深怕再受到傷害。她也沒有表達出自己的情感，也在耍手腕爭取離婚權益，也在引用法律條文爭取金錢與權利──這和她丈夫沒什麼兩樣。最後她認清了許多女性不能接受的事實：她渴望聲譽、權力、金錢，但是不相信自己應當得到這些。因此她覺得自己沒有價值，跟每天爭名逐利而犧牲了私人生活和感情的男人一樣。海蒂譴責丈夫，實際上是在譴責自己。

在分手中學習愛

有一次，我和一位與丈夫分居的女士談到神。她正深受罪惡感所苦。離婚大戰越演越烈，她很擔心自己對丈夫的所作所為會被神懲罰。我對她說：「神送給妳的最好禮物就是妳丈夫。沒有他，妳不可能有機會重新認識自己和自己的不足，並學會去愛。之前妳沒有機會審視自己的恐懼，也從沒有這麼多繼續成長的機會，原諒另一個人的過失，然後放手。」從那之後，我對很多離婚中的人說，你們現在不滿、怨恨曾經愛過的人，但他們是你們個人成長之路上最好的禮物。這個伴侶是上帝送給你們的，不是要與他相親相愛，而是為了學習接受、瞭解真愛，認識自己的價值。

我們說，我們必須分手，因為他還是那個他。我們說，我們可以只愛他，如果他按照我們的期待去做。我們很可能從很久以前就用這個方式對待自己：一旦有人不接受我們的觀點，就跟他決裂。我們一再迫使自己按照他人意見行事，做大家感到舒服的事，讓自己配合別人，為了被人接受，讓人喜歡自己。如果將這一切投射到伴侶身上，要求他們為了得到我們的愛去活、去做、去放棄，那麼這就不是愛，而是行為上的控制與依賴。這個看法尤其暗示出我們需要一些自己欠缺的東西，好得到幸福、安全、自由。它也暗示了，我們的伴侶應該要給我們這一切，他該為此負全責。

這種希望有人拯救我們、給予我們所需一切的渴望，正是打從童年遺留下來的。孩子的我們在身體與力氣上都無法與成年人和年長的孩子相比。與這些人在一起，我們體會到自己的不足與弱小，感到受傷，行為也遭到拒絕與責難。而今我們早已長大，但為了避免傷害，依然試著做個乖巧友善的人。我們還在執迷不悟地尋找治癒舊傷痛的靈丹妙藥，依然跟過去一樣，因為害怕他人的無情、不負責任與軟弱而心力交瘁，因此會要求對方的行為不該暴露我們的舊傷口。如果他們不符合這個要求，如果他們再次喚起了我們的傷痛，讓我們傷心，於是我們在潛意識裡又感覺自己變成一個軟弱無能的孩子，相信此刻只有一條出路：必須離開伴侶，必須分手，必須離婚，以便找回自己的權力。

能與他人建立充滿活力且長久穩定關係的人，大多都已學會了一件事：他不會計較自己的行為是否討人喜歡。他們知道，他人的行為模式與自己對關注的渴求必須與愛分開來看。愛情不會因為你一直待人親切友善就出現，也不會因為他人扭曲自己以符合我們的理想而出現。如果你覺得生活裡缺少了能讓你幸福的東西，有問題的其實是你的自我約束，你對成長、擴展與開放的期待。如果你覺得理想沒有實現，你缺乏的是承擔不幸、孤獨、空虛和苦難的勇氣與堅忍不拔的精神，這些都與內在成長有關。這就是愛。愛能使你發揮出全部無限的潛能，愛能對他人的界限產生同情心。愛有治癒作用，能使你自由——讓你從很早就出現在你生命中卻不曾治癒的依賴、怨懟、辛酸、對關愛的追求中解放出來。愛的唯一真實目的就是精神上的成長和個人的發展。在這種意義上，離婚是個大好機會。

「直到死亡將你們分開。」在今天這個萬變時代，新需求不斷產生，使得社會看起來越來越短暫虛幻，於是這句話就有了威脅意味。一生只與一個人結合在一起？難以想像。但這卻是大家都在尋找的。我們的內心尋求長久深刻的親密關係，但為了成長，為了完整發展，它又在尋找自由。這豈不是自相矛盾？接受自己的個性與獨立是使一段關係成熟並使愛情成長的唯一基礎。若能接受彼此在分手後依然深深連結在一起，我們就能心無窒礙，在愛裡分手。因此：用你全部的心意去分手——學習去愛你昔日的伴侶，就能徹底擺脫他。

第2部

回到愛

第1章
真愛——或有關於信仰

也許讀到這裡，你已對你的關係不抱期望，也許你抱著理解的心讀過前面章節，前面談的內容讓你進一步瞭解你伴侶耗費你心力且陰暗的面向；也許你對一切將掌握在自己手上的預言心灰意冷；也許你某天不情願地被妻子拉進我的診所，你無動於衷，用這句話裡表達你的冷漠：「我和我妻子已經做過一次伴侶諮商了。我很懂我自己跟我妻子，更明確知道我為什麼想離婚。」

我到目前為止所談的關係像一條沒有出口的隧道：心裡有好多舊傷痛，連我們都無法一一搜索出來。身邊的人也不比我們強多少，我們再也無法期待有白馬王子或白雪公主出現。我們只知道，所有人身上都有傷痛，都不瞭解伴侶，對真正的接近懷有恐懼，把完美的幸福只當作一種嚮往。

整體看來是沒有希望了。新的偉大愛情、浪漫激情、火熱的婚外情、唯一的夢幻女神、唯一真實的理想男性、祕密的三角關係，甚至離異——所有關係模式遲早會將我們引到同一條死胡同——別人或多或少要為我們的幸福或不幸負間接責任：我們感覺接近對方，感受到充實的愛與接納，只因為我們找到了對的人；如果關係發展不順利，當然是因為我們選錯了人。因為那個人沒做到這個沒給那個，所以我們都過得不好。要是他能改變，我們的生活會多完美！我們一直都是這麼認為的。

這種想法看起來普遍又普通，實際上很瘋狂，這代表我們正需要對方欠缺的東西，好讓自己感覺比較好。我們害怕這個、渴望那個、缺乏這個、需要那個——都是我們伴侶的錯，他必須負全責任來滿足這一切。在爭執不斷、對峙越演越烈的時候，看待問題的方式也會更扭曲。於是我們宣稱自己是對的，對方是錯的，就是因為他的存在造成我們的痛苦與缺陷，因為在這樣的處境下無法認出過去的傷口，所以認為都是伴侶的錯。他的所作所為、他的存在就是我們必須跨越、對抗甚至逃離的不幸根源。

實在太瘋狂了——我們的腦袋不只把這想法當作完全正常，甚至還堅決捍衛它，拒絕接受新觀點。想讓自己得到和平有一步關鍵，必須學會懷疑自己的觀點，讓自己接受真相：無論我們做什麼——在這世上沒有什麼能帶來和平與充實的感覺，我們也不可能從外面找到什麼來釋放自己的不滿、空虛、尋覓與傷痛——伴侶、關係、成就、財富都幫不上忙。每一次努力要找到「對的人」，都只讓我們離發現「對的人」的可能越來越遠。智者有言：我們透過追求能找到的，是新的追求。

我在本書開頭熱情洋溢地肯定「你可以」！你的伴侶生活可以完滿，活在你一直夢想的生活裡。我還是要說：「你可以！」你肯定可以。但事情的發展很可能不如你的計畫。為此，你需要翻轉你慣有的世界觀，要求自己思想大躍進。

信仰是有力的治癒方法

我在與無數個案談話中瞭解到，個人與信仰這個話題會讓人不知所措、心生矛盾、焦慮與羞愧，但我仍不能省掉這一章。信仰、祈禱和神，對當今社會許多人來說仍是禁忌，在無法提出根據、無法解釋的領域裡無法給出科學定論，這樣的風險太大，會在裡面失控。也許你願意抽點時間聽聽看……

我自幼不是上帝的僕人。在我成長的家庭裡可以聽到許多對信仰和教會的批評與爭論。我的家鄉小鎮深受天主教影響，許多居民都很虔誠，因此我們家有點格格不入，全家很早就脫離了教會。在以後的生活中，我為自己基因中的革命精神感到自豪，一直認為自己不信神。直到有一天，神出乎意外地潛入生活，對我的影響擴大，因此我今天認為神是一切問題的答案。一開始我也曾抗拒過——然而在我尋找真正的完滿時，我一再來到神面前。因此我確定，神不是那個有灰色鬍子的男人，我童年時也不是對著祂懺悔所有犯的罪，祂不屬於特定宗教，不一定得去教堂才能遇到祂。神是一種意識，祂擁有的力量能解決整個親密關係中的苦難。

榮格曾如此表達關係中信仰的意義：

「在我所有病人中的中年人，也就是超過三十五歲的人，他們對宗教的態度是最大的問題，而且不是個別現象。是的，每個人最後都病了，因為他們失去了有生命的宗教在任何時候都能給予信仰者的力量。如果無法重獲信仰，沒有人能真正康復。」（出自榮格一九三二年於史特拉斯堡的演講〈關於精神療法與心靈治療〉，摘

自《西方與東方宗教的心理學》第二輯）

我從我的個案身上學到，信仰是最有力的治療。來找我諮商的人大多是三十五到四十九歲的人。他們對自己向外求發展的生活越來越不滿。大部分個案都受過良好教育，他們經歷過經濟成長、事業有成，社會地位穩定。他們之中許多人都很有成就，卻沒有獲得他們所追求的——意義與完滿。他們踏上社會指引的道路：成就他們的是聲譽、外表、事業、知識、財富以及成功。但所有從外部證明的自我價值並不能帶來長久的滿足。當他們脫離這條死胡同——往往是不得已的——來找我，這些人經常感到不明確、說不清楚的恐懼。他們內心不安，因為沒有活出什麼真正的意義與價值；他們無助，因為在生活中得不到確實的滿足，無法長久維持自我價值。

勝利沒有意義

許多人描述自己活在日益緊張的環境裡，感到四處被催趕，哪裡都無法深入，也得不到內心平靜。一切看起來都是短暫的——而且更糟——我們被要求的越來越多：才剛升職，來不及享有一刻的滿足，下一個挑戰已經在等待；剛跑完一趟馬拉松，就已經在想如何刷新記錄；電腦剛安裝了最新軟體，有更多新功能的下一個版本已在頻頻招手；剛把自己塞進四十號的裙子裡，就碰到穿三十八號的朋友；終於進入理事會，卻是監事會在決定哪家銀行；剛攢足了錢與購置不動產，內心恐懼卻又升高，擔心會失去辛苦掙到的一切。

到處潛伏著危險，我們不斷要求改善自己，世上還有比我們更出色、更有權勢的人，還會出現更漂亮、更高大的人。我們的充實感永遠不會滿足。就連前任丈夫、新情人、祕密的婚外情都不例外。滿足自己願望的可能性看起來越來越多，但越來越多人被獵捕滿足的渴望搞得疲憊不堪，被奔波忙碌的感覺搞得筋疲力盡，感覺一定要做些什麼，才能成為某種人或得到什麼。

如果讓信仰重回生活，我們就不必事事親力親為，伴侶也不會因期待過高而負荷過重。不論是否隸屬某個宗教系統，也不論是否將神聖、完美、平和與心靈的內涵當作存在核心，我們都能確信，在我們之上有更高一級的存在。我們與更高的權力與更大的力量聯繫在一起，從那裡得到能量並受其引導。這樣的想法能讓我們立刻放鬆心情，減輕伴侶肩上許多重擔。

當我們期待從伴侶那裡得到一切，我們應該轉向信仰。宗教最有價值的作用，就是讓我們以愛相連——讓我們與神相連。神是愛的體現。信仰神，我們就與一個承擔、充滿愛的體現聯繫在一起。神是萬能的，祂擁有大愛。與神相連，就能成為這大愛、宇宙整體的一部分。與神聯繫在一起，我們的內心就是神聖的；透過宗教或靈性與神相連，我們的內在就能不斷獲得能量，並向外傳播到我們的關係裡。

這一切不光是理論——真誠深刻的信仰確實能改變我們的日常生活：如果神是一切存在的根本，如果祂無所不包，是博愛的體現，而我們是這博大精深的一部分——我們身上必然也包含了祂的神性；在所有創傷、迷惑與混亂裡，必然藏著完整的愛；在生活中和伴侶關係裡肯定也能發現愛。

若能打開自己接受這個看法，我們對自己、對關係和生活的理解就會爆發革命。若尋找的是大愛，目光就會投向自身，開始對自己溫順。我們會想理解自己，更加關注心中的願望與夢想，會認真對待自己的需求，開始感應到自己也許是對的。我們不必在外面奔波忙碌，馬不停蹄地尋找，想要得到，或是得到愛來填住疼痛的傷口。我們學會了接納自己，可以一步步向後退回內心，從自己出發去汲取，再送給其他人——這麼做會得到快樂。我們依賴自己，變得真實可靠。

我們什麼都不必做

我的小女兒每天晚上睡覺前都期待做晚禱。有時我會輕輕捏著她的小手指尖告訴她：「妳就是這個小小的手指尖，上帝是妳的整個身體。當祂活動起來，妳也會動起來。」後來我們又做實驗，輕捏所有的腳趾、頭髮、肚臍、耳垂和鼻尖。對了，還有舉起伸直的中指——這是我女兒最喜歡的遊戲。其實一切都圍繞著一個目的：允許大愛的神回到我們的生活，我們就會獲得接納的力量。為此我們不必做什麼，我們就像身體裡的小細胞——我們是這個身體的一部分，與它相稱，活在它體內，從它那裡得到養分。

或許你讀到這裡能暫停一下，想像一幅畫面：一個小細胞，一個宏大整體的一部分。做個深呼吸，從體內感覺到自己的身體。想像你就是那個小細胞，專注地感受空氣從胸腔流入腹部，不用刻意把注意力放在上面，但意識到你的呼吸一直在流動。

你無法停止——事實上是你的呼吸在呼吸你。在這一瞬間，它呼吸的不僅是你，也呼吸一切有生命的東西。你吸入的空氣，同樣也被我吸入。我們在這一瞬間連接在一起。你是一個小細胞，我也是一個小細胞。當我有意識地關注呼吸時，總是一再神往這種想像：我與一個更大的存在相連，它不斷注入我體內，而我什麼都不必做。

如果我們確實只是大宇宙的一個微小的肝臟細胞、骨骼細胞或皮膚細胞，事情會是怎麼樣？如果我們是一切的一部分，會怎麼樣？請再次感覺你的呼吸。不管你關不關心它，它一直在流動。它讓你的身體活動，供養你，讓你活著。呼吸如此稀疏平常，以至於平日幾乎感覺不到它存在，但它是生命最大的祕密。它就是生命。依我看，呼吸就是我們與神的連結。為了能感受體內一直在默默進行的運動與生命力，為了在我們裡面認識神的存在，我們必須靜下來。

如果我們可以重新接受這個靜默和這個信仰，也就相信了我們的內在充滿了愛。如果這個真理在我們內部得到足夠養分，茁壯成長，就會明確在外部體現出來。如果我們更常來到自己面前，再次感覺到內在的自主，就能擺脫扮演的角色、不良嗜好與社會要求。我們會漸漸變得確實可靠，允許自己展現真面貌，表達真實感受。

越深入植根於自我，就越能感應到自己與伴侶的聯繫多緊密；越常面對自我，就越能意識到，我們掙扎、抱怨、抗拒、貪戀與成癮的地方，就是感覺不到自己的地方。一旦失去了內在的「大我」，就會與周遭的人起衝突。我們學會不去面對自己的痛。放下此態度，我們才能毫不遲疑地給予與接收到愛與支持。我們將不再懷著惡意評判他人弱點，還可以看出那背後隱藏著他人對愛的追求。

長此以往，生活感會大大改變。我們能體會到自我價值：我們的需求變少，給的更多。我們越依靠自己，就越感覺到與全能的神緊密相連；內在聯繫越深，就越能體會到愛從內心自然流出，也就越能理解，我們每個行動、每個想法、每句話都會受到神的鼓勵。我稱這種感覺為「你可以」。

也許最後這幾段文字觸動了你，也許你注意到文字中隱藏的真相，也許你讀完後聳聳肩，覺得沒有同感。我描述的是一種方法。即便你在這一刻找不到這條路，路也會自動在你的腳下展開。此路要求你有意願沿著它走下去，哪怕你還不知道該如何走下去。只要踏上此路，其餘的會自動出現，你什麼都不必做。聽起來可能瘋狂，卻是事實。我曾是個信念堅定的無神論者，從沒用理性來理解神，但我卻感覺到了。

磨難是最好的經歷

也許你仍然不相信世界上任何一個神，也許你無法認同我的觀點，也許你對生活會如此發展抱持懷疑，如果你發自內心期望能與他人緊密相連並活得有活力，伴侶關係可以改善——你只需在心裡對自己說「是」。我保證，你的生活將會改變，你的伴侶關係將會健康發展。也許會有巨變，也許會靜悄悄地進行，不管怎樣，一切會跟從前不一樣。

但這條路不是什麼訓練方法、理論、信仰與手段，但可以推動我們前進，指引方向，最後會通往「你可以」的堅定信念，生活會指引我們自然而然走上這條路。我們在途中的遭遇與感受，正是完成這趟旅途所需要的條件。不論日子看起來如何——都是為了幫助我們成長，為我們量身打造的考驗。我不知道在諮商過程中聽過多少次這些感嘆：「沒有他的外遇，我不可能學會這一切。如果不是她把我趕出來，我絕不會醒悟……」當時我們感覺一切都錯了，當事過境遷回頭去看，卻發現最痛苦的磨難是我們最好的經歷。

每條路都是獨特的，對每個人都不一樣。每個人在路上都會遭遇到自己必須面對的挑戰：也許是高山，也許是峽谷——矛盾的是，正是這些障礙為我們指明了前進方向：而每一個問題背後都藏著我們的天賦。每當事情峰迴路轉，每當我們戰勝了癮，打敗了恐懼，疾病痊癒，渡過危機，大難不死，每當我們原諒伴侶、寬恕父母，新的力量會立刻充溢全身。沒有權威、領袖能為我們指出這條路、給我們力量。如果我們要尋找滿足，就要靠自己導航。我們必須相信，無論多麼痛苦艱難，目前的生活看起來多麼慘，做自己就是正確的決定。障礙與阻力讓我們有機會知道自己擁有資源戰勝它們。我們體驗到自己身上具備了更大的力量，是恐懼一直在蒙蔽我們。我們相信奇蹟會出現，在絕境中，整個宇宙都會給我們力量。我們的祈禱會有人傾聽。

但是，如果自己沒有做好準備，那麼沒有一座教堂、一座廟宇、一個講座、一個傳教士和一本關係諮商書，能將對神的信仰以及我們自身的神聖核心連結在一起。只要我們做好了準備，便不再需要中間人和自我證明。當我們不再相信媒介和自我證明，不再聽別人說什麼的時候，我們大概就真的準備好了。在我們有能力真正打開自己或請求幫助之前，生活往往已墜入了沒意義與無望的深淵而遍體鱗傷。通常要先經歷過心驚膽戰的危機——無法掌控生活，也失去了權力與信仰的時候——我們才會獻出自己。

神不是那個灰鬍子的男人

即使不想見到神，神也會顯現祂的存在。我也沒想過要認識神，直到我經歷了一些生死關頭，才真正認識神是什麼。其實我已多次窺見祂的容貌，每一次都是面對死神的時候。有一次我在南非遇到一場槍戰，險些被子彈擊中。當時一個陌生的黑人剛好將我拖到車下救了我的命。此後我又經歷了三次大車禍，每次都奇蹟似地死裡逃生——我覺得自己要死了，隨後卻毫髮無傷地從壓扁的汽車殘骸中鑽出來。在這些經歷中有一種現象重複出現：當我正在想「我就要死了！」的時候，有種無法形容的祥和感在一個呼吸間在我體內擴散。還沒意識到我已脫險，那種感覺就消失了，巨大的恐懼也隨之消失。

上一次經歷這種遭遇時，我已經能在時間放大鏡下好好體驗衝擊和即將死去的感受。我參加了一個滑雪小隊。假期結束返家，大家搭的巴士駛在瑞士高山的一條盤山公路上。突然出現了橡膠燃燒的味道，大家還開起了玩笑，要是剎車失靈，我們就會掉下懸崖去了。這時司機突然跳起來不斷地拉手煞車，對我們大喊：「全部立刻趴下！」剎車真的失靈了。

巴士的速度越來越快，車上四十個身陷絕境的乘客歇斯底里爆發。有的人尖聲怪叫，聲嘶力竭，另一些人低聲啜泣，有些人趴在地上，有些人動也不動。我無法挪動，只像被黏住一樣坐在座位上眼睜睜看著四周，從山下迎面開來的車紛紛躲避，就像是〇〇七電影中的驚險情景。我看著，身體像是癱瘓了，頭腦卻異常清醒與平靜。我們過了兩個小彎道，隨後快速衝上一個急轉彎，我們絕不可能過得去。就在陡峭山崖從左邊映入眼簾的時候，我體內的一切似乎完全放鬆下來，幾乎都瓦解了，我坐在那裡等待死亡。這時車子開始劇烈顛簸，到處是摩擦撞擊的刺耳聲響。我體內洋溢著不可思議的祥和與前所未有的寧靜。

緊接著，身邊的狂亂恐懼都像蒙上了一層柔和面紗。每個人都掙扎著要逃離冒煙的車子殘骸。巴士在一座牆壁前面停下來，車上乘客沒人受重傷。奇蹟發生了：就在那個急轉彎處有一座低矮的牆，是它擋住了巴士。牆後面是一堆木柴，木柴減慢了車子的速度，在衝擊下碎成千片萬段。在那後面還有一座房子，二樓正好跟人一樣高。我們的車頂衝進樓板，因而再次剎住。平時見不得一滴血的我，卻在恍惚中像個稱職的護士在受傷的人群中周旋，很自然地安慰他們，幫助他們治療。我在漂浮著，渾身像有使不完的力氣，充滿難以言喻的同情。忙了不知多久，我向下看了看自己，才發現渾身上下沾滿血跡。我一下子從夢遊狀態中清醒，像在一瞬間凍住。淚水湧了出來，我害怕得不得了，牙齒開始打顫，筋疲力盡地癱倒。這陌生無法言傳的心靈祥和感以如此方式告終，令我終生難忘。那時我還不曾將這一切與神或任何超自然現象聯想在一起。只要一回憶起當時情景，我就被平靜的感激籠罩。現在我很確定，就算是最想像不到也是有可能的。

到今天我明白，我在那個時候與神相遇了。在死亡關頭，我才能徹底放下一切，將自己奉獻出去，整個人放鬆下來，感受自己被深深的祥和、難以言喻的同情與愛充滿。我體會到奇蹟發生了，就算沒有出路也一樣可以獲救。要完全將這一切內化，我還需要更多特殊的力量。只有在宇宙耐心而堅定的幫助下，神才慢慢潛入我的生命。

幾年後，我在工作上和私人上都很黯淡，我剛經歷一次精神崩潰，於是過起隱居生活。有個朋友將一本英文書寄到我藏匿的角落，書名的意思是：黃昏的使者。我在拆開包裹時心想：又是什麼心靈類讀物——最好別來煩我……尤其在那個時候，閱讀英文對我來說太累了，於是把這本書擱在一旁。在後來的兩個星期，這本書三次因為不同原因砸到我的腳。第三次我忍不住大聲咒罵，翻開書，緊張又不知所措地說：「到底想要我怎樣？」幾個小時後我讀完了這本關於命運安排和宇宙法則的書，闔上書本，我有種非常莫名的感覺，雖然完全不理解剛剛讀過的內容，卻覺得自己好像都知道，好像終於找回我曾經丟失或患過健忘症而忘記的東西。我感覺到，世上確實有更大的存在，它遠遠大於我當時精神空虛的生活。

死去，為了重生

真正的考驗出現在幾年後：我的孩子不願意出生。她的出生理應非常順利，也會對她非常友善。我做了大量的功課，讀過書店中能找到的相關書籍，為了讓自己放鬆，為了肚裡的胎兒，我每天聽音樂，做呼吸練習；為了生產順利，找到了一個很有愛心的好醫生和一家友善的醫院。但我的孩子不願意出來。預產期早已過了，她待在肚子裡沒半點動靜。醫生要給我催生，我一直拒絕，因為我決定聽從自然的安排。直到有一天陣痛記錄儀顯示情況複雜。醫生引發了陣痛，我立刻被地震級的力量壓倒。我忍受宮縮的劇痛一天一夜，孩子還是不肯出來。我被折磨得憔悴不堪，醫生迫切希望我接受剖腹產。而我最終決定聽從自然的安排。

我多次拒絕接受局部麻醉，但到了次日中午，我終於投降了。但是身體狀況已十分危急，麻醉不再有用。最後醫生要求我立刻接受剖腹產，否則他將不承擔任何責任。憑著最後一絲力氣我接受了醫生的建議，把自己交給命運。曾多次遇過的現象又出現了：體內開始放鬆，我安靜地任由事情發生。事情發展也令我驚訝：在又冷又單調的手術室裡——一個我絕不願意自己就死在這裡的地方——我感受到充沛的愛。我躺在手術台上，心裡明白孩子不會「自然」地來到這世界時，發生了一個小小的奇蹟：一位醫生握住我的手，我丈夫撫摸我的頭，另一個醫生親切地對我說話，護士喜氣洋洋地注視我，幸福之淚突然從我的面頰淌湧而下，我心中有個感覺並且說了出來：「一切都會好的！」隨後我在麻醉作用下睡著了。

當我再次醒來，醫生護士團團圍在我身邊。我丈夫歡喜地抱著我們的女兒。所有人注視我，聽著我緩慢、滿足且越來越興奮地說：「我死了，我死了。」直到一個小時後，直到我胸前抱一個吸奶的嬰孩，才反應過來我還活著，我的孩子也活著。之後我聽丈夫和護士告訴我，直到從麻醉中醒來，我一直面帶微笑講述著死亡的美妙故事，講述著光明、和平與愛。

我又一次必須完全投降，徹底放棄計畫裡的每一個細節，我必須死去，才能重生。奇蹟也再一次出現：我希望自然生產，然而在超音波檢查中醫生確認我女兒的頭太大，無法通過我的骨盆。這意味著自然分娩可能會引發嚴重複雜的狀況。但我的女兒和大自然比我和我的計畫更聰明。這一次，深深的感激再次充溢。我第一次懷疑：是否在我生活中也有神的安排？這次莊嚴的感覺沒有持續多久，我很快就忘了這個念頭。

我確實還需要經歷更嚴重的危機才會覺得，或許真有更高的存在值得去信。該感謝我當時岌岌可危的婚姻，讓我完成生命中最大的轉變。正是婚姻中的孤獨、沒有出路讓我面對自己，將我帶到神面前。這一次沒有驚天動地，沒有衝擊，也沒有與死神不期而遇，只有啃噬我的長年重病——一種輕微腐蝕的感覺，覺得生活裡缺了什麼。一周又一周，一月復一月，孤獨在我身上築了巢，讓我不快樂，但我不敢跟別人談。我才剛結婚，又有了孩子——我怎能不快樂呢？但我確實不快樂——而且非常不幸。直到有天晚上我獨自站在陽臺上開始祈禱，連我自己都很驚訝，因為我確實聽到自己大聲向神禱告。我請求得到幫助，靜靜地流淚。那天晚上我一個人睡，丈夫跟往常一樣出差去了，但我不再覺得孤單。從此我開始常常禱告。

祈禱最終將我引向何方，你已經在前面讀到了。我希望並期望這本書裡的話能深入你的心。你也能祈禱，請求得到宇宙源源不絕力量的幫助，你也能走出孤獨，走出沮喪和擱淺的生活，投入這獨一無二、充滿力量的轉化過程：只要打開自己接受這裡招示的真理，真理必將在你心裡顯現。閱讀時你會有所啟發，然後你自然會瞭解，內心也可能會有一點點感覺：「可以，也許真的可以……」

我想跟你講一個我最喜歡的故事：一個男人有個夢想，他渴望有朝一日能與神一起在沙灘上散步，天空上播放著他一生的畫面，每一幅景象都會在沙灘上留下痕跡。他回頭注視自己的足跡時，有時能看到兩對足跡，有時只有一對。他注意到，在困苦與悲痛的時候，沙上只有一對足跡。於是他問神：「我注意到，在我悲傷的日子裡只能看到一對足跡，而祢答應過我，會永遠和我在一起。我不明白，為什麼在我最需要祢的時候，祢總是拋下了我？」神回答：「親愛的朋友，我愛你，絕不會離開你。在你最痛苦最需要我的日子裡，你之所以只看到一對足跡，是因為我在背著你。」

第2章
真相是，婚姻會說謊

如何才能在生活現實中回歸自我？如何走向神並得到「我可以」的感覺？怎樣才能發現自己真實完整的存在，在體內感受到無所不在的愛？生活如何重獲生機？心如何再次流動？你身邊的青蛙如何變回王子或公主？你的婚姻如何才能充滿驚奇？你只需停下腳步，中斷片刻——答案就在你此刻所在的地方。你不需要做什麼，也不必改變什麼。面對你現在的生活，坐下來，好好打量一切，好似你從來沒見過。你要打開自己，像個外人一樣，好奇地關注你的生活。然後，下面就是最難的了：你要誠實！我指的不是你的計畫、想像、方法、你生活的藍圖，而是，你究竟過得怎麼樣？

你是不是對一切失去了興趣？你的妻子讓你無聊？你是不是害怕丈夫有了外遇？你是不是正坐在舒服的家裡，心中卻在想情人？有人知道你很孤單嗎？你是不是想著：但願有人能知道……？你是否按照規定認真地去做那些枯燥工作，並履行婚姻的義務？你是不是忙得很瘋，熱衷各種消遣？當你回到家，是否只是在做些例行公事？儘管你最出色最有成就，生活依然空空如也？你幾乎什麼都有，什麼都實現了，卻覺得沒有意義？沒有人知道你究竟過得好不好？

要實現夢想還是抓住現實？

我曾在一個女性朋友那裡經歷了一個可怕的夜晚。她設宴聚會，賓客、食物、餐桌布置，一切完美，只是整晚的氣氛有點怪，像是有事會發生。最後所有的客人都告辭了，她的孩子與丈夫也去睡了，我們兩個坐在一起聊了大半夜。她打從心底感到疑惑，整個人像被挖空了。她感覺負擔太重，被丈夫冷落。她痛苦又軟弱地向我掏心，表示婚姻已讓她無法忍受。在這個夜裡，她不斷傾訴她的孤獨、恐懼和沮喪，最後甚至向我坦承，她懷疑丈夫另有新歡，因此經常在想，也許這段婚姻不久就會結束。她的生活和婚姻無論如何不可能再走下去。

我躺在床上無法入睡。我被她生活裡的巨大矛盾搞得頭昏腦脹：她曾經精力充沛，總是忙著出門旅行、宴會和拜訪；曾經她的記事板上釘滿邀請函，二十年前我認識她的時候，她就是個驕傲的女主人，受到所有男人仰慕。她曾經很漂亮，很有天分，後來又成為幾個孩子的母親，社交活動頻繁。

我失眠了，滿心焦慮地問自己：我能為她做什麼？我很瞭解她，一旦她想要什麼，就會有堅定的意志和超人的力量去得到。而這樣的生活是她想要的。她腦中對理想生活有細緻的規劃，多年來把拼圖一片接一片地貼在藍圖上。現在大功告成，與她心裡期待的一模一樣，卻又發現：婚姻沒能帶來半點她夢寐以求的東西。但我也清楚，她不會輕易放下一切。

第二天早上我走進廚房時，她丈夫已坐在餐桌前，孩子們在廚房裡嬉笑打鬧。經過一整夜的苦思與憂慮，我同情又難過地望著她與她的家人。她正四下忙碌，打發孩子去花園裡玩，並輕柔地問候我：「哈囉，親愛的！怎麼樣？……睡得好嗎？看，今天天氣多好……」

我好像是做了一場噩夢，好像昨夜跟我在一起的是另一個人，好像那失望的夜並不存在。我全部的努力都失敗了，這個早上沒有半點真實感。我的朋友為丈夫做早餐，安排孩子一天的活動，計畫下一次聚會，看起來什麼都沒發生。她擁有她想要的生活，不會為了心中的懷疑和真相而輕易犧牲掉。但真相是治癒的唯一方法。她最大的問題不是錯走上婚姻這條路，而是她（跟其他人一樣）不願意承認這可悲的真相。

你是否覺得，你的內心世界與外在生活就像新手劈腿一樣肌腱撕裂了？我認為，大部分有長期關係的人會一再演練這種心中小劇場。我們腦中對生活有一幅圖畫，身邊的人給這幅畫定了畫框——所有放不進畫框裡的，我們會藏起來，不讓自己、伴侶、朋友知道。我們對歸屬感和與他人在一起的需求如此強烈，以至於潛意識裡願意為此犧牲自己的生活。就像我的朋友，寧願心死掉，用自殺念頭折磨自己，也不肯讓自己的真實需求與家庭和環境起衝突。

為愛說謊

有時候生活很乏味：沒興趣與鄰居說下去，就說現在要帶孩子去上體操課。有時候又很辛苦：蓋房子、買車，邀請那些對自己聲譽和事業發展有幫助的人來做客，但這些人不會真的幫忙。有時候事關生存：做可以賺很多錢的工作，卻因此不能好好睡覺。有時會奪走我們的心：我們只出於義務與伴侶發生關係，事後卻覺得被利用、感覺空虛。

糟糕的不是我們做了這些事，而是面對自己與他人時把恐懼以及後面的一切都藏起來。我們做這一切都只是為了與他人維持關係，為了繼續得到愛，不被拋棄。然而這樣做卻會事與願違。我們害怕他人看到真相而不再愛自己，於是只以假相示人，得到的也只會是假相。隨著每一個角色、每一個善意欺騙，不幸也會越來越增加。我們不表達感覺，不說出想法，因為有些東西不會被外界接受，導致自己把生活變成謊言，謊言甚至可能大到無法承受，只剩下犧牲生活這一條路。

我朋友的生活與婚姻符合她當年的想像，卻與她的心有衝突。我們的想像總是來自外界，來自家庭、教育、社會，來自自己的欠缺，而我們的心瞭解我們真實的需求。朋友當時必須放棄很多事、交出控制權、劃清界線、表現出自己的無助與脆弱……她應該與丈夫及周遭的人開誠布公，真實談論她心裡想什麼，深入她真實的本性。她應該把那夜對我說的話，在白天說出來。

這麼做在一開始時會不好受。如果敢於行動，不再用周到與友善隱藏自己，可能會引發滔天洪水將自己與一切都捲走。這股洪水一發不可收拾，也不會為你瞻前顧後。

開始之前就已結束

這股洪水也曾淹沒過我的生活：那時候我丈夫要舉辦一場很大的慶生會。這場宴會對他來說很重要，意味著要與老朋友重聚。他把四面八方的朋友都邀請來了。當他還因為工作在外面奔波時，我在廚房裡準備這場生日會，感到快要窒息了。為了這一天，一切要做得格外漂亮，餐點要格外美味，氣氛要格外愉快，為了達到這個格外的高標準，我的困境變得難上加難。跟過去幾個月一樣，他還是不在家。我不得不獨自處理私生活的一切。我又得與他的朋友周旋，但是沒有一個人擔心我究竟過得好不好。我必須漂漂亮亮的，做個完美的主婦，但是我的感覺非常糟，恨不得立刻逃走。

我擺好小點心，點上蠟燭，放好酒水飲料，剛把自己塞進漂亮的洋裝裡，淚水就已經在眼眶裡打轉了。在我丈夫和客人進門前，我心中的無助混合了難以控制的怒火正一分一秒高漲。丈夫和客人慢騰騰來到，這裡一聲哈囉，那裡一個擁抱：「好久不見……」我努力扮好自己的角色，向來我都可以應付，但這次卻不行。我躲進廚房，避免心中的火山爆發，而外面的人都還在期待我扮演友善的女主人。有個朋友走進了廚房：「嘿，妳怎麼啦？」她的話像在水壩上鑽開一個洞，我的眼淚立即奪眶而出，大聲地啜泣：「我必須離婚，我必須離婚。我再也不能這樣過下去了！」在這些話說出口之前，連我都不知道自己有這樣的念頭。

所有人都記得這次生日，有些人從此與我們斷了聯繫，有些人在今天還跟我們一起笑這件事。我在廚房發作，我躲進臥室，一心想著要離婚——一切像烏雲一樣迅速破壞了生日聚會的氣氛。這天晚上外面湧進了大洪水，我丈夫只能用心中強烈的憤怒來救他自己。他第二天恢復了理智，客人也都離開了，我們的婚姻也不同於以往了。

我終於說出想說的一切，也提出長久以來一直不敢問的問題。從他的回答中我得知，他有了別人。他也瞭解到，我早就不想再跟他在一起。我們都覺得空虛、心灰意冷，卻又都害怕面對結果。我無數次地反覆思索，想了上千種為什麼不能再這樣下去的解釋。但是我看不到有什麼能幫助我脫離困境。

放手，就會解脫

終究要面對二選一的問題。要不是我留下來，像沒澆灌的植物一樣枯萎；要不然我離開，家庭分崩離析，放棄過去和丈夫一起做新嘗試的夢想。我感覺自己正在慢慢撕裂，直到無法再控制心底的壓力：我被迫放手。我無法再做分析，無法再譴責，也無法再理解，更無法再保持理性。我坐在丈夫面前，傾吐出一切——所有感覺、擔心、祕密、渴望，以及我希望分手的哀求。我說著說著，那股洪水自己退了——然後我才能用淚水流乾的清澈眼睛注視他，此時發生的事讓我覺得很荒謬：我覺得與自己緊密連結在一起，也覺得與丈夫經過漫長的分離後，兩人也再次緊密連結在一起。我們之間悄然無聲，卻有一種真實感與相屬感油然升起，感覺既奇特又輕盈。我們已很多年沒有這種感覺了——一個輕柔的聲音在說：「可以，也許真的可以……」

在這份感覺再現之前，我們經歷了怎樣的噩夢啊！但在此之前，我們兩個誰也不肯自願行動。一直到壓力的浪潮大到叫人害怕，一直到了必須商討離婚的地步，我們才真的準備去傾聽對方的心聲。來找我諮商的人如果正處於個人危機的最高點，我經常聽到他們說：「我受不了了。我看不到任何出口。有時候我想乾脆死掉算了。」他們走進了死胡同，覺得被災難困住，但如此生死危機所引發的崩潰反而減輕了心靈的壓力——將真實自我從自我要求與想像的狹小監牢裡徹底解放出來，終於讓出一個空間放置真相與感受。

身體和精神都是心靈的僕人，即使社會教我們的是另外一回事。我們的心靈透過它們表達，展現出真實的自我。哪怕它的聲音微弱很容易被世俗的嘈雜掩蓋——但心靈才是我們真正的領袖。可惜的是，身體和精神大多已被現實的觀點與目標封閉，沒有給柔軟的心靈留下空間。我們的內心像是窒息了，變得閉目塞聽。我們無法感知心靈，每天必須達成的任務把我們榨乾，讓我們無力去傾聽心靈的聲音。我們有自己的計畫，腦中有畫面有需求，但是我們真正的自我、最高潛能和個人發展卻一直無法實現。心靈唯一的目標是讓我們內在的神性進化發展。就算我們功成名就，聰明絕頂，得到社會認可，對它來說都沒有意義。

災難對婚姻有益

災難可以強迫我們成長，推動內在發展。如果失去了愛人、工作、家庭或健康，我們一定會傷心或受挫。從心靈的角度來看，這一切都是治癒創傷和成長的機會。

我的經歷正是如此。我和丈夫經歷過那場悲傷的生日聚會後內心得到淨化，終於承認我們的共同生活不能再承受更多。於是我們決定走自己的路，不必再向對方報告與解釋。那段時間是我們最痛苦、最沉默、最孤獨的日子，也是最真實、最有療效的日子。我們站在殘垣斷壁上，過去已經在上面跌倒過無數次，但誰也不願承認它的存在，我們一直都視而不見，沉默地繞過去，自欺欺人地活在對婚姻的幻想中。現在傷口畢露，我們各自從一個角落開始清除自己的殘磚斷瓦。我們在很久以後才知道，這個生日聚會為我們的關係打開一個新起點。

我們每天都感到自己陷入困境或掉在夾縫裡，但如果退縮不前，不願往前看，不聽從自己的心聲——生活就會為我們尋找出路。它所選擇的方法通常都不是我們喜歡的。當我們還忙著迴避問題時，就已被直接逼到了懸崖邊，甚至可能被推下去。生活逼迫我們越過障礙——當然只在我們產生了信任感，確定能安全到達谷底時。它會不斷將我們引導到最能使我們成長的境遇裡去。

每個人多少會注意到自己生活中有什麼失去了控制，也許是我們渴望已久的東西，這些東西卻沒能滿足我們的期望。一旦發現這點，就是到了該做家庭作業與學習新事物的時候。也就是說，我們必須停下腳步，鼓起勇氣，誠實地關注自己的生活。多數情況下我們別無選擇，只能找機會與他人毫不妥協但真誠地溝通。我們必須做好再次把心打開的準備，承擔感受的後果。如果我們迴避，壓抑內心的衝動與痛苦，或者利用忙碌轉移注意力，常常就會有事發生，迫使我們去啟動重建秩序的程式。命運打擊、生活瓶頸、生病，尤其是我們親近的人生了重病，都會成為我們成長的機會。

這條路顯然會比選擇逃避痛苦許多。我的朋友日後也終於被真相壓倒，她遇上的不只是大洪水，甚至是世界末日。她首先感覺到已經走不下去，婚姻已失去意義、被掏空，她和丈夫兩人的心靈都被封起。但她害怕與丈夫起衝突。她沒選擇與丈夫一起面對真相、面對她的恐懼與困惑，而是選擇再生一個孩子。當她即將臨盆時，她的丈夫說出了實話，他已無法再忍受，為了另一個女人，他選擇離開。

真相能療癒

即便看起來沒有出路也沒有希望——依然要請你鼓起勇氣，露出你受的傷。停下腳步，看一看你生活的真相。真相是，你的關係不符合你的夢想，或你的伴侶幾乎對你一無所知；也可能是你再也無法感受到愛；你認清了伴侶身上令你厭惡並且傷害你的特性；還可能是你十分嫉妒或十分依賴；你有時候很想忽視或甩掉你的伴侶；你有過外遇，多次欺騙你的伴侶，或你的伴侶和別人在一起騙了你；也許你和他原本就是因為錯誤的理由而結了婚。

真相是，如果把婚姻當作治癒的診療室，那麼所有這一切都屬於關係發展過程中的自然現象，給予我們治癒心靈創傷的良機。真相是，指出真相需要勇氣，也意味著必須不斷努力。大多數人都不願意去努力。大家寧可維持腦中對自己與伴侶關係的理想畫面，寧可今天去張家吃飯，明天請李家來喝茶，寧可打羽球，收集玩具，跑馬拉松或打高爾夫，寧可讓恐懼占上風，也不願深入心靈探索，因為那會引發不愉快的感受。

我們的親密關係當然應該帶給我們幸福、快樂、感官上的享受和愛。但只要我們不是處在美妙快樂的狀態中，就應該設法與伴侶一同改善關係，好將美好帶回來。只要你在關係中感到痛，只要你覺得壓抑或不滿，就可以把這些不快樂當作治療的機會。

在此以史匹桑諾的一段話為本章做結語：

通過弱點去發現你們的優勢；通過痛苦去發現你們的興趣與快樂；通過恐懼去發現你們的安全與保護；通過孤獨去發現你們的能力，體驗滿足、愛與共同擁有；通過無助去發現真實合理的期待；通過你們童年的缺失去發現今天的充實。

第3章 日常生活大冒險

我們渴望奇遇和冒險，渴望生命活力和浪漫激情。但在經過了十年甚至二十年的婚姻生活後，這一切怎麼還有可能呢？也許你已經察覺到，一個新的情人或追求者要實現上述願望也是有限；也許你已離過一次婚，而此刻又明顯出現上次婚姻危機的徵兆；也許你也受到前一章關於真相論點的鼓勵，並對自己說：「是的！我已準備好誠實面對，只是還有一點……」

當你真的開始去生活，勇敢真誠地表達自己，你還不會相信日常生活會有多刺激。一直以來，我們總是設法適應對方、適應環境，臉上露出親切的表情，努力讓自己成為模範，盡職盡責，成為佼佼者，工作上得到更多認可，在家庭和職場上立下標竿。但與此同時，我們內心卻夢想著浪漫邂逅、自由、活力和冒險。日常生活越是過得輕車熟路，由習慣構築的柵欄越是嚴密，我們也就越嚮往突破。或者我們完全退縮回來，確信要更加規矩、優秀、盡職盡責，也對購物日益上癮，直到有一天遭受命運打擊：疾病、破產、失去、分手、一夜情。閘門瞬間打開，滔天洪水頃刻將我們珍視、習以為常的一切淹沒，包括我們的聲譽、信任、安全穩定、生活謊言，全都毀於一旦。我們在一瞬間被拋出軌道。然後，日子倒是變得無比刺激，但也令人擔驚受怕，前途未卜。

我們為什麼不能有意地製造冒險呢？請你停止發夢，或去拼貼生活圖像。我的建議是，過你自己的生活。不要再逃避，就接受你現在的一切，傾聽內心，感覺自己，然後把它們表達出來。你覺得這聽起來無章法又混亂？未必如此。如果到了忍無可忍時才將內心的氣惱傾洩出來，用爆發的怒火傷害伴侶，受傷的人其實是你自己。爭吵幾乎不會有結果，卻摧毀了關係。沒有什麼比認清並體會自己的憤怒更重要。不是喊叫發洩，而是從內心徹底感受累積的壓力和負擔。別誤解我的意思，我並非要你忍住怒氣，讓它在內心繼續堆積。重點是確切感知並接受它，這樣它就會自行轉變，我們才能將這股推動力運用到生活中。

讓情感自由

每次與個案第一次諮商後，我都會一再詢問，我們的談話是否圍繞著核心問題。對方常常感到完全失去了對自己的控制力。長時間置身僵化冷漠的生活裡，人的感覺變得遲鈍麻木，一旦重新與自我聯繫，淚水就會不自覺湧出，儘管之前從不流淚。令人驚訝的是，憤怒的爆發能開闢道路，讓人衝出早已安排妥當、井然有序的日常生活。作為第一步，這是個好開端。內心的不良情緒往往已經積攢了很久，現在必須找一個突破口爆發出來，以便為真實可信的新力量掃除障礙，自由發展。大部分人意識不到，情感的過度控制讓自己變僵硬，就像長期缺乏運動一樣。一旦我們開始鍛鍊，立刻會覺得全身像生鏽一般僵硬不堪，很快就上氣不接下氣，然後整天肌肉痠痛。

如果情感在長期擱置之後再次啟動，那麼啟動時也會觸發內在的各種抵抗機制。我們要考慮到，這個過程有可能伴隨恐懼、束縛和感情上的僵硬不適。然而身體經過一段時間運動鍛鍊後，會變得朝氣蓬勃。美麗和活力就是獎勵。如果能給予情感更大的空間，那麼生命活力、原本的真實以及心靈的平和就會回到我們身上。這些才是生命的能量、內在運轉並能成為精神發展的推動力。如果放棄自我控制，減少主觀判斷而轉向它們、接納它們，我們就能重新完整合一。即便開始時它們如洪水般來勢洶洶，也不必擔心焦慮。想像一下，潰堤固然可怕，但不管什麼時候，洪水總有退去的一天，並為先前枯竭的土地帶來滋潤的養分。你的情感在經歷爆發之後也會漸漸歸於平靜，以符合健康的尺度進行內在運轉。

冒險肯定會和情感一起回到生活中，只要我們有勇氣真正接納內在感受，並設法理解那些看似不良情緒所傳遞的訊息：眼淚很療癒，憤怒能讓人解脫，不管怎麼說，那是我們的眼淚、我們的憤怒，從此一切又重拾秩序，哪怕還有其他人參與。讓其他人分擔我們的情緒，不同於迫使他們把注意力放在我們身上。如果我們允許自己再次去感受，就會擺脫對他人的依賴，更加承擔對自己的責任。然後我們能更活躍地展示自己，而且不再尋找過錯方和懺悔者。

ℬ

我認識一位男士，他是個活在自身感受中的藝術大師。他很喜歡在大庭廣眾下工作。當他出現在公眾面前時，從來都不只是發表演說——他本身就勝過了千言萬語。有時他也被自己講述的內容打動，頓時潸然淚下。下一刻又發自內心地開懷大笑，全場觀眾也是。他整個人就是他的話語。他滿腔熱情傳遞給大眾的訊息是：把自己整個奉獻出去，全然投入生活。他也自我要求去實踐。有一次我碰到他跟孩子在一起，儘管他有很嚴重的懼高症，還是帶著小孩參加了跳傘活動。他的孩子一直非常期待去跳傘，希望能體驗這項冒險，為此他克服了自己的障礙。當然孩子也可以沒有他的陪伴，自己領略冒險的滋味，但這個爸爸十分了解家庭動力，願意排除內心抗拒，身為領頭者去完成冒險。兒童的潛意識中好似有一個成長閥的機制，在內心深處他們不允許自己的發展超越父母，如此便在潛意識中維持了家庭的等級秩序，以及與父母的密切聯繫。日後當他們要超越父母進一步發展自我時，仍會一再感覺受到制約，不自覺地抵制自己的成就，或者在發展中產生罪惡感。因此這位父親決定與孩子們一起，超越自己向前發展，完成了一場日常生活大冒險。

別找外遇，說出自己的想法

生命可以變得刺激充實，生活能夠成為冒險旅途，而伴侶關係也可保有新鮮感，讓人滿足，只要我們重新找回勇氣，超越自我並徹底奉獻。完整奉獻自己，意味著完整表達自己。我們正如此刻我們所是。我們能感受內在，我們就是我們自己，確切而真實。首先要再開始與伴侶交談，談一談這些年來沒說的事，說出那些被壓抑或因憂慮而吞下肚的話。治癒心靈創傷的唯一途徑就是溝通，分手則中斷了溝通的可能。大部分離異的人都無法再與對方交談，或許心懷恐懼，害怕自己說出來的話被對方誤解而妄加評判，或許因為憤怒怨懟而排斥與對方交談，把拒絕溝通當成一種權力的工具。

據統計，一般伴侶每天平均交談的時間不超過十分鐘。趨勢研究者解釋，不同於上個世紀七〇、八〇年代，今天已不再流行坐下來討論幾個小時自己的伴侶關係。今天我們生活在手機簡訊時代。關於婚姻和離異的重大決定，也由簡訊和電子郵件傳遞。一聲來自情人的「叮咚」就能讓人血脈賁張，或者令疑神疑鬼的伴侶陷入恐慌。坦率而真誠的交談在哪裡？雙方不僅用頭腦，而是用全部的身心來參與，這樣的時刻還會有嗎？許多伴侶多年來實行的是溝通的變異形態：一個在說，另一個卻沒在聽。這情形就像一條河流不斷沖刷堤防，情感在堵塞中不斷鬱積著，總有一天雙方都凝固僵化，或以某種方式爆發，從關係中跳脫出來，好讓自己的生命之河繼續流淌。

你不知道該談些什麼？可以先談談生活小事，許多看似平凡無奇的細節往往很重要。你妻子一直不知道你最重要事業夥伴的名字，你丈夫不曉得你昨夜做了噩夢。跟你的伴侶談這些事情，告訴對方，在這些事情中你的感受！日常生活溝通最重要的問題是：「我希望伴侶如何與我相處？」這個問題之所以重要，是因為它準確告訴我們該如何對待自己的伴侶。這個問題的答案為我們指明療癒以及重啟溝通的下一步。

當你再度或第一次真正只為自己出現在對方面前，你不會相信，你的生活會變得多刺激。你終於大發雷霆，不再親切地討好對方；你終於說出你的想法，不再勉強自己；你停止編織讓大家都好過的小謊言；下次聚會時，你不再跟同桌的人說

「今天天氣很好」的閒話；你鼓起勇氣告訴伴侶，在你們的性生活中什麼是你不喜歡的；為了擁有美好但寂靜的和平，你不再刻意討好伴侶。那麼你的生活將變成一場冒險，像是剛從睡夢中醒過來。儘管許多恐懼從潛意識的黑暗中冒出，有些感覺的浪潮衝擊到你和你習以為常的愛，你依然會覺得充滿希望與活力。

日常生活中的最大冒險，就藏在平靜的時刻裡。你從早到晚工作，財富日漸積累，有許多業餘愛好，卻喪失了閒情逸致。如果你能享受平靜與獨處，如果你能將生活過得更感性、深刻、安靜與明快，你認為生活能激起多大的浪花呢？你獨處時，剛開始會覺得自己就像正在戒毒的癮君子，被迫專注於回歸自我。當你面對自己，就很有些冒險的味道。也許你第一次意識到，沒什麼能像你內在的躁動那樣讓生活變得忙亂、充滿壓力。當你終於尋得安靜，也許你又會被自己的恐懼壓倒，擔心被拋棄、錢賺太少、一事無成。如果你能在這樣的時刻忠於自己，並且學會不斷尋得這股安靜，努力保有它，那麼你的內在將隨著時間日趨穩定。等到你遇到和從前一樣的困境時，你突然發現自己不再有那麼多的要求與抗拒。你不必一直去追求什麼，也不必凡事完美。

重要的是，讓我們與自己和他人分享我們的感受，盡可能保持自我。如果感到傷心，那就傷心；如果感到幸福，那我們就是幸福的。沒有什麼感受是長久的，它總是在變動。我們無法緊抓住它，但也不必去壓抑、排斥。目標就是時時刻刻與自己保持良好聯繫，去瞭解和表達我們內在發生的變化，不帶任何偏見和羞愧。與生活保持聯繫也是同等重要，接受當下生活在我們眼前展現的一切。即使從中尋找意義以及成長的可能，是一件痛苦的事。

只有這一刻，沒有其他

就在這一刻！如果你能正視現實，坦承一切都不像你所想要的那樣；如果你由此出發，接受眼前不完美的現實和不被愛的感覺，並準備好擺脫舊怨恨，諒解往日傷害，就會有值得關注的事情發生：你達到了目標——就在你的生活中，就在這一刻，就在你身上。此時此刻，問題消失了，和平顯現。

為了真正抵達這個目標，我們必須將分析性思考置之腦後。即便我們曾被欺騙、拋棄、傷害過，但現在，就在這裡，在這一刻，一切回歸秩序——我們無法理解這個深層的真實，我們只能從內部喚醒，從內部瞭解它的訊息。你可以敞開自己去迎接它，卻無法主動完成它。

在日常生活中，有兩個領域可以讓我們認識這種真實：與自己的孩子玩耍時，以及在性愛中。我們都希望自己是好父母和好情人。說實話，沒什麼比做到這兩點更難的了。原因正在於，性愛遊戲如同孩子的遊戲，行為的目的從來都不是為了得到，而是為了存在。誰企圖得到樂趣和滿足，就永遠不會抵達目標。很多時候我們站在孩子面前感到束手無策，其實孩子並沒期待得到什麼，只是想和我們一起玩鬧嬉戲。當我們努力想當一個出色的情人時，卻會經常突然感到羞愧與緊張。

情慾如同孩子的遊戲，很少有什麼目標，世上沒有其他地方可以讓我們經歷更多的樂趣，體會到更深刻、更親近的關係。不久前與一位個案談話時，我脫口而出：「如果你想知道在一個穩定親密的關係中，你是什麼樣的情人，那麼就仔細看看，你是怎麼跟你的孩子玩耍的。」如果我們真心想成為父母，想體驗歡愉的性愛與滿足，我們就必須在這一刻重新學會生活。

實際上我們仍然以某種方式狩獵，試圖獵取自認為缺乏的東西。也許你覺得我這麼說有些誇張，那你就是不虞匱乏的人。你會說，人類生活本來就是為了前進發展，為了得到什麼。沒錯，繼續發展和演化是人類的原動力。然而想要得到什麼卻是問題所在。它引導我們偏離了這一刻，偏離了日常生活，從而脫離了無數可能發生冒險的遊樂場。我們之中誰會遊戲人生？誰願意接受自己被騙或是丟了工作的倒楣事？誰不想啟程尋找財富和發展的機會？誰想隨波逐流？我們都在奮力划水，然而要不是河流的方向不對，就是它的速度不適合我們。

我生命中每一次的走投無路以及頑強抵抗，事後來看都是祝福。但我知道自己付出了多少時間與代價，才理解其中的含義。如果我們沒有得到想要的，立刻就會期待別的。我們感到內在出於恐懼或匱乏的牽扯，於是去獵取成就、身體愉悅或自我肯定。我們迫切希望並祈求能從中得到幸福，或從恐懼與匱乏的感覺中解放出來。但無論如何努力，所有解決方案都是暫時的，而且會向你索求更多。我們總是被迫和自己賽跑：「只要我先得到這個，或者改變那個，然後……」我們幾乎還來不及實現「然後」，又對自己說：「只要我還能得到這個，或者改變那個，然後……」如此這般，我們總在想像的未來中，從沒活在當下。

但是只有在這一刻，現在，這裡，隱藏著實現的可能。只有在這裡，在這一刻，我能夠決定如我當下所是，並全心全意接受它。只有在這裡，在這一刻，我可以完整投入自己，去體會我的善良本性，不管生活中正在發生什麼。理性總是不斷暗示我們，在這裡與這一刻不可能得到幸福，通往幸福的大門只在未來幻境中某個地方，得發生些什麼才能找到。還要花時間去理解、學會、解釋、完成、解決或發現什麼，我們才能成為或擁有什麼，然後終能幸福、滿足、圓滿。但是事實真相是：所有這一切都不能帶來比我們現有內在更多的滿足與自由。我們對於如何存在的想像與評判，讓我們遠離了當下的滿足與圓滿。

活在對神的信賴中

從現在做起，我們應該每天實際地自我鍛鍊，像個偵探一樣檢視自己所有的判斷、期待和觀點，學會揭發真相，並逐漸脫離不真實的部分，或至少找到與它們和平共處的可能。最重要的原則是：也許一切不像它應該的那樣，但一切都是有意義的！這就是對神的信賴。我相信，生活中的一切都不是按照我的想像進行，但是當事情過去之後，總會顯現出它的意義，而且是更高層次的意義。我們每天都在奔波操勞，再也感覺不到自己，並忘記了自己所屬的更大存在。我們不是讓神來承載自己，而是不間斷地奮鬥爭取，直到再也無法繼續下去。然後我們不得不回到事情的本質，停下來感覺自己。

如果我們在生活中慢慢體會並漸漸傳播對神的信賴，就能間或跳脫困境，為解決問題創造一個空間，停止鬥爭。只要我們還在奔波忙碌，就無從察覺。但為了能真正得到幫助，首先必須打開心扉，然後生活才可能重新恢復運轉，回到自然秩序中。接下來就是一個困難的練習：有意識。問題不在於你做什麼，而在於你用什麼態度和方式去做。

我們做事時大多是心不在焉的。不論在哪裡，不論做什麼，總是人在心不在。如果我們根本不在現場，怎麼能真正感受發生的一切呢？我們如何知道自己究竟需要什麼？當對神的信賴進入我們的生活，我們的感知和直覺就能重新找到它們的位置。我們能感受身體的需要並滿足它。工作時我們努力經營事業，並自問：我得到樂趣了嗎？我在這裡可以做出有意義的事情，讓自己和他人都繼續發展嗎？我們保持清醒的頭腦，堅持走自己的路，即使生活有起伏，仍堅信不論過去還是現在的一切都有意義。因為神不是一個確定的人物，而是一種生活態度。生活在對神的信賴中，就意味著讓奇蹟發生，狀況會改變，因為我們在改變。

能夠為當下打開心扉的人，能夠在困境中信賴神的人，既不會活在混亂中，也不會做白日夢，更不是自我中心的人。有明確的目標，但不會宣稱正一步一步向前邁進。在勇氣日增，能以真面目示人時，待人便會更加慷慨寬容。道理很簡單：如果你呈現真實的自己，那你也能接受他人如他們所是的樣子。你未必能從他人那裡得到更多，但是你能接收更多，因為你對他們是敞開的。生活在對神的信賴中，能找到越來越多的平靜，且無須外在的改變，比較多的改變是你對事物的態度。

隨著時間，很少事情會比伴侶關係更重要，這並不是因為你期待從某個人身上得到特別的滿足。伴侶關係之所以日益重要，是因為對你而言它成了一塊最吸引人的試驗田，供你探索自我，並在此向另一個人真誠地展現自己。你越有勇氣展現真實自我，越能學會相信，對方就是你當下所能經歷最驚奇的冒險，你也就越能與對方分享你的愛。在這趟冒險中，伴侶有時會令人感到陌生，但他們所展現的各種面向，都能讓我們的愛情茁壯成長。

如果我們像這樣學習去愛，生活就會獲得全新的品質。我們將體會到，人與人之間的關係是相互影響轉化的，並能夠真正享受生活與周遭人構成的豐富多樣。如此生活，就是用身心擁抱生活，全心全意付出，用飽滿的心靈體驗生活。但是如果我們的心靈都無法再被外在世界、各種人事物，甚至我們的伴侶所豐盈，它又怎麼可能飽滿呢？我們自身愛的源泉不是來自外在世界，而是我們內在永不枯竭的神聖核心。

請允許我在此宣稱，你的心靈能敞開到什麼程度，你恐怕毫無概念。我今天的婚姻已經與十幾年前的沒有任何關係，如果我和丈夫繼續沿著這條路走下去，我很確信，在我們之間和各自的心靈中存在著什麼可能。

曾有一位事業有成的男士來到我的診所。他問：「我到底有什麼不對勁？為什麼我的妻子、三個孩子和我的事業都不能讓我滿足？」他告訴我，他幾乎每天夜裡都從噩夢中驚醒，也喪失生活的樂趣。他心裡只有一個念頭：逃離這一切，讓自己消失。之後沒多久，他就捲入一場官司，全部的財產和公司信譽都危在旦夕。關於他的問題，我們沒找到滿意的答案，他心裡糾纏著報復的念頭與恐慌，也不再來診所。後來我得知，他失去了公司。

大約過了一年，他突然出現，身材圓潤了些，面部表情也柔和了許多。就像第一次那樣，他直接告訴我：「現在我明白了，我其實一直活在生活的恐懼中。在這一年我瞭解到，生活不是為了傷害我而存在，它熱愛我們所有人，愛我們真實的樣貌。生活給予我們所需的課程，教導我們成長——不論那看起來有多困難。生活比我們想像的聰明得多。如果我們終於開始理解生活，就能發現生活只要求我們一件事：成長，真正找到平靜。」在講述這些時，他已經失去以往建立的一切，而且還看不到新的發展前景，但他的家庭與他親密無間，這是他過去完全料想不到的。

第4章
寬恕——你無法改變任何人

寬恕，這個詞聽起來彷彿古老年代遺物。如果說有什麼能迅速改變你的生活，並治癒親密關係中的傷痛，除了真相，便是寬恕。寬恕在這裡的意思與大部分人平常使用的不同。在這個成就取向的社會，寬恕多少與帶有慷慨高尚、捨己為人或道德之類的意涵。根據我的經驗，寬恕即便不是最強效，但也是相當強大的治癒力。

在每個親密關係中，都會出現權力鬥爭、相互評判與傷痛，因此沒有寬恕，就不可能真正改變關係。隨著時間，你與伴侶之間所累積的傷害宛如一座垃圾山，堵在你的心中與身體裡，也橫亙在你們之間。寬恕在這裡不是道德理想，也與慷慨高尚或施恩不圖報無關。真的寬恕讓人解放，功能如同一次規模空前的心靈大掃除。真的寬恕是一種與生活相處的極端方式。本書將寬恕視為真正有助益的做法，而寬恕的視野也需要由外轉向內。

請花一點時間來做個小實驗：回憶過去一個使你受傷的場景。也許是有人不關心你、在背後搞鬼、欺騙你或背棄你；也許你覺得被利用，或當你有困難時沒人伸出援手。讓自己回到過去這個委屈痛苦的情境中。你的腦海中是否出現當時的景像？心中是否冒出那時的感覺？誰傷害了你？是什麼情況？心底漸漸升起惱怒、憤恨、無力感或恐懼？身體是否也開始緊繃？腹部和胸部感到痙攣、喉嚨緊縮？後頸變得僵硬嗎？內心出現了攻擊的欲望？覺得全身麻痺，動彈不得？你會變得狂野而憤怒嗎？

再給自己一點時間，完全進入那個經驗中。當你想起過去發生在你身上的傷害，你的內在有什麼變化。保有意識去感受內心變化的過程，所有的記憶、傷痛、憤怒、無力感、僵硬或怒火，你內在的一切，不是傷害你的人，也不是外在某個地方。眼前這一刻，其實什麼也沒發生，只不過是我向你提出一些問題。那些全都是你的念頭、內在情景、情緒、身體的緊張。當你想起過去的傷害時，你感覺很糟，因為你仍然覺得受傷。

伴侶之間肯定會有些不愉快的事。也許讓人感到痛，甚至在某一刻痛到無法承受，也許就像有無數的細針刺在心頭。如果我們受傷，重要的是承認痛苦與受傷，允許怒火升起。但是，一再重新體驗過去的傷害，這樣做又有什麼好處呢？我們只是一再自己傷害自己，耗盡力量和信念，把自己與那些事件與人綁在一起。

怨恨讓人生病

大部分人似乎有受虐傾向，會去咀嚼往日傷害以及伴隨的舊傷痛。所有的記憶、痛苦、無力感與憤怒，被我們一再翻撿出來。但是陳年舊帳只留在你心裡，半點都不會影響傷害你的人，外在也找不到它們的蛛絲馬跡。那都是你的想法，關於某個人、某個情況，讓你不好過。而此時此刻，對方根本就不在這裡，他沒有正在對你吼叫、離開你或欺騙你。你只是想到他曾經這麼做，或可能再次這麼對你，你就感覺糟透了。

「當然了！」你會這麼說，「我當然感覺糟透了，我當然覺得受傷：畢竟是我的伴侶欺騙了我，他從來沒真正關心過孩子，讓我受氣。」你覺得，基於以上事實，你有充足的理由心懷怨恨。但你是否也樂於不好過呢？我知道，這問題聽起來很荒謬：你真的沒有在不好過的感覺中體會到一些樂趣嗎？當事情涉及情緒傷害的反應時，沒有人會鼓勵或引導我們提出這樣的問題。而寬恕重視自己的內在和平，更甚於紛爭排擠。人們總是不斷要自己和他人屈從舊模式與要求，因而導致紛擾。如果我們做到寬恕，就能從中解脫。寬恕像解藥，能化解我們內心頑強的罪惡感、怨恨、自我仇視和主觀判斷。

關於寬恕醫治精神創傷的效果，美國一項新的研究成果顯示，原諒有助於身體和精神的健康，並且是可以學習的。這項研究得出如下結論：持續不斷的怨恨憤怒會導致疾病，妨礙健康，而原諒能夠療癒並激發新的生命活力。近兩百六十名實驗者接受了史丹福大學心理學家費德里克．盧斯金（Frederic Luskin）博士的邀請，分別參與六個九十分鐘的活動，以便學習寬容。參加者可以在談話治療中講述自己的心靈創傷，也可以聽關於寬恕的演講，或在內心與傷害、冒犯過自己的人對話。結束時，參加者無一例外地說，他們感到的痛苦比之前少。實驗也證明，緊張可導致心理或生理症狀，如背痛、失眠或胃部不適等。此外，實驗者中許多人表示，他們在今後面對類似情況時將採取寬容原諒的態度。研究負責人盧斯金博士認為，原諒表示一個療癒過程的開始與結束。誰不能寬恕，就會牽制大量的精神能量，在憤怒、報復想法、仇恨、不滿和暴躁中自我消耗。原諒則相反，能給人機會，解除過去留下的束縛和羈絆。

也許這項研究結果可以啟發你：能夠寬恕，是讓我們不再受過去折磨的權利。在憤怒中尋找過錯方，會扼殺回歸自我並撫平傷害的可能。如果我們不能接受、消化傷痛，如果我們陷入憤怒、不滿和怨恨中無法自拔，傷痛不僅仍留在內心，還會隨著時間讓我們僵化、麻痺且感到沉重。最有效的清除工作就是為它哀傷並與它告別。對我們來說，重要的是能夠適當哀悼痛苦的經歷與感受。只有通過這個途徑，我們才能克服傷害，擺脫羈絆，開始新生活。如果我們不能感知傷痛，不能充分體會並哀悼它，最終寬恕它，就無法真正治癒內心的創傷。

原諒就是讓自己自由

別大意掉進這段路上隱藏的詭譎陷阱，也不必硬充好漢，要求自己寬懷大量地體諒他人的行為舉止，以阻絕內心的痛苦與往日傷害。壓抑會讓傷害變成一種內在毒素，未經哀悼的傷害往往導致沮喪抑鬱。高仰著頭，對別人以施恩者姿態自居，顯示自己不計較，甚至否認自己受到傷害，這都不是寬恕。寬恕更多取決於立場的徹底轉換：「我不願再扮演犧牲者的角色，也不想再覺得不好過，因此我現在放手這一切，從此用我全部的力量去關照自己，走自己的路！」能做到的人將不再糾纏於往日傷害中，並與自己的生活和解。這樣去寬恕，剛開始很不容易，但很有療效，而且是為了自己這麼做。

如果能夠體認，我們的那些不良感受並不是他人引起的，也不是他們的過錯，我們就向前邁出一大步。即便表面看來是由他人過錯造成，但對於所發生事情的反應與感受，早就在我們的內心。當下的委屈傷痛，大多涉及相同問題無數個未曾處理的舊傷口。它們只是等到了一個刺激信號，便浮現至意識表層。這是人類進化的部分，生命以完美的方式建立這種機制，讓所有的痛苦、傷害、批判在某個時刻浮出水面，以便得到療癒。所有的衝突、意外與攻擊都照映出我們自己的心靈狀態，它們都是我們自己的念頭、評價與衝動的結果。

寬恕並不表示，我們將他人的過失攬到自己肩上承擔。我們遭遇的一切，只是向自己展現受傷的深度與範圍。接受這種內在與外在的關聯，而不是追查過失責任，我們就能得到更多的體悟、力量和責任感，並從整體上感知自己。

在我們與他人的關係中，有一點確實重要：我們必須察覺自己的負面心靈狀態並加以檢視。對每個人來說，給自己刻下的烙印都是最沉重的。只有我們自己能決定，什麼讓我們受傷委屈，我們又把什麼視為負面，並連結到不良感受。我們應該學著看清，對於他人和許多情況，因我們執著於負面態度，而給自己製造個人痛苦。如果你無法看清，自己如何一再重複相同行為，你就會沒有自覺地一再重複，並且無法瞭解為什麼你的生活如此艱困。你會將問題歸咎於他人及他們的不同，特別是你的伴侶，還有你的父母、孩子、上司、鄰居或是社會。

父母就像啞鈴

沒能原諒的怨恨、究責、批判與評價，都是腐蝕生活的毒素。隱藏在對他人評判後面的，正是對自己的攻擊。因此我們的心靈需要定期鍛鍊，幫助我們對自己的慣性思維與看事情的方式清理解毒，而清理的最佳陪練就是父母。為了練習解毒和寬恕，我喜歡以下關於父母的看法：父母的存在不是為了滿足我們，也不是為了一貫地支持、協助我們。父母更像啞鈴，能對我們的生命造成反作用力，幫助我們鍛鍊、強化「心靈肌肉」。如果你不滿自己的出身，請讓上述看法發揮作用，問一問自己，什麼力量在你身上得到發展？當父母存在某種不足時，在你身上是否因此相應地發展出足以彌補的能力？或許你應該為此感謝你的父母。

在其他文化中，這種平衡方式已成為常規。比如，美洲印第安人將某些部落成員崇拜為「超人」。他們的行為方式，正好與部落的其他成員相反，其目的就是為了讓整個部落不要忘記，「正確」與「錯誤」都是相對的。在伊斯蘭教蘇菲主義的傳統中有一種精神戒律，透過「指責小路」以告誡信徒，在任何情況下都可以為他人有疑慮的行為辯護。一旦踏上這條小路，人們甚至會受到鼓舞，嘗試去接近一個從前不喜歡的人。在印度，非暴力主義正是以接受人難免會犯錯為基礎。甘地認為內在與外在的敵人均虎視眈眈，必須設法在這兩種徵候中尋找和解之道。

如果不能以開放態度面對他人，我們就會成為自己超出人性苛求的犧牲品。在我們內心潛藏著諸如此類的自我價值判斷：「我不能犯錯誤，我必須保持完美，或者完美地表現自己，否則別人會認為我沒用。我還不夠完美，我需要他人的認可。如果他們拒絕了我，我就沒有價值。」但如果能學習接受自我——我們並非完美無缺，也不必完美無缺——就能改變對他人求全責備的態度。對完美的刻意追求越少，就越能鬆解自己判斷的苛求度，也越不在意他人的評價。

烏塔總是憂慮別人在背後議論她。閒談中她會暗示對方，不該評論某事，或者某些話可不能讓其他人聽到。每次和人約會都令她掙扎，不讓某些人得知她跟誰相約。烏塔從事財產機要工作，對於各種可能的探聽和造謠始終保持高度警覺。如果誰要跟她談話，得費九牛二虎之力才不至於被她的評判誤導。烏塔幾乎對任何事都抱持批判、甚至是毫不留情的評論，幾乎沒什麼能使她堅信不疑。尤有甚者，對於過去遭受的委屈傷害，她從來沒有諒解寬恕。

假如烏塔能從旁觀者的角度看自己，她會發現自己才是冷酷的誹謗者、嚼舌者；假如烏塔能誠實地感受自己，她會發現自己的內心充滿焦慮、不安全感以及完美主義的衡量標準；假如烏塔能向自己敞開心扉，她會察覺自己多麼渴望接近他人，建立開誠布公、真實的關係。

寬恕對自己而言是必要的，特別是針對自我拒絕，以及自我苛求以符合理想行為與完美主義。如果還不知道應該寬恕什麼，首先只需要做好心理準備，然後付出並練習。可以選伴侶、父母、上司、同事、親朋好友做練習，在他們身上實現寬恕的基本精神。如果你再次對他們有所抱怨、批判或指責，因他們的行為而激烈反應，請注意，你正在面對自己的不寬容，記得你內心深藏著接近他人的願望、羞愧以及對於不安全感的補償。這時要鍛鍊你的同理心、諒解與溫和的態度，或者就放手過去。這不可能一天內成功，但只要經常在下評判時猛然醒悟，練習放手，你的生活和伴侶關係就能變得融洽。如果想知道是否練習夠了，不妨感受一下自己的內心，你馬上能辨識出真正的寬恕。內在有什麼正在軟化，緊繃感逐漸鬆緩，感覺越來越平和寧靜。你看待他人與事情的視野正在改變，感覺經過自我洗滌，變得自在、輕盈、靈動。新生就在眼前。

真正的奇蹟

我們夢想奇蹟發生，期待親密關係從此煥然一新，但世上唯一可能發生的奇蹟就是寬恕。我們隨時有機會選擇這個奇蹟，可以決定要陷在悲傷煩惱中，還是徹底放手過去。究竟想要又滑又黏的青蛙皮，還是令人心醉的王子心，選擇就在我們手中。隨時都能下定決心拋開往日積怨，轉換視野，對新觀點保持開放，奇蹟就會發生。也許我們沒辦法讓這個奇蹟發生，但我們可以請求它發生。

當事態變得嚴重時，也許你還不習慣合掌祈求奇蹟出現，因為這不符合你日常的做法。正是在困難時，我們習於找出罪魁禍首、採取防禦措施並加以評判，就是不會向內心探詢，祈禱請求協助。

如果你察覺無法獨自與人建立和諧關係，又落入批判的慣性中，難以靠一己之力改變看問題的視角，那麼就祈求奇蹟吧。你只需做好想要寬恕的準備，哪怕你現在還做不到。坦然承認你現在沒有能力跳脫評判和究責的模式，沒有能力去體會內心阻撓你選擇愛與寬恕的熊熊怒火。準備好去相信內心深處的神性，並相信你會得到意料之外的助力。即便你現在仍有怨恨，內心無法平靜，你也能夠體驗奇蹟。你只需要祈求。只要你有願意寬恕的心，就足以呼喚整個宇宙的助力——因為「地球上最神聖的地方，就在過去的仇恨變成當下的愛那裡」。

第5章 愛的欲望

從下面的字裡行間也許不會讓人立刻想到，但它談的就是本章的主題——性愛，更確切地說是肉體之愛。

今天早上，當我從睡夢中醒來，感覺整個人沉浸在愛的懷抱裡。我知道，這話在某些伴侶耳中顯得多麼庸俗，卻正是我的真實感受。腦海中響起一首情歌，歌詞描繪的正是我整個早晨的感受，一股溫柔的浪潮流過我全身。我從黑夜滑入白晝，立刻感覺自己在舒適的內在潮水中起伏。我閉眼靜躺，欣喜地在身體中衝浪。溫暖柔和的浪花輕拍，全身各部位隱隱發癢，充盈著無限的生命活力。不知過了多久，我不情願地睜開雙眼，即便是在我之外，外在世界也生機盎然：花園中秋天的樹葉色彩斑斕，比平日更飽滿、充滿活力。當我在林中晨跑時，泥土的芳香也更醇厚濃烈。我停止奔跑，一步一步體會腳下鬆軟的林地，也更仔細觀看秋葉樹影婆娑的色彩。一個念頭在我腦中不斷翻滾：「一切都是可能的！」

最有意義的是「相愛」

是什麼導致如此的美妙？我和丈夫經過兩天緊張對峙後，終於戰勝了往日的陰霾，撥雲見日再次全身心結合在一起。我們的身體相愛。最有決定性意義的是「相愛」這個詞。強調的不是性本能，而是肉體之愛。我們雙方感受著對方的傷痛與執拗，直到又發現對方真實的和平天性。我們情意纏綿，精神、心靈與整個身體都充滿愛的滋潤，和諧地結合，直到療癒的情感電流再次在我們之間暢通無阻。

我們知道自己發自內心深深愛著對方。我們很清楚，除了彼此緊密相連，也會有緊張對立和爭執不休的日子。好像我們處在幻覺裡，在對方身上看到惡魔的影子，聽到撒旦的聲音。我們也明白，對方無法為自己的壓力負責。我們深深瞭解，之所以這樣是因為先前沒有處理好彼此的關係：太忙亂，一下子有太多事情要處理，想扮演好各種角色，要完成外在某些要求。我們已認識到，如果沒時間去「遊戲」、放手某些事，我們會枯竭，脾氣暴躁，難以相處。我們能清楚看到，如果像機器人一樣按部就班完成日常任務，不注視彼此，不用心體會並接納對方，那會發生什麼事。我們早知道，如果只是討論待辦事項，而忘了瞭解對方感受，我們會因此失去與自己、與對方，最終失去與愛的聯繫。我們知道，不知何時還是會爆發，但是間隔將越來越長。

同時，我們已嫻熟於跨過下一個深谷，穿越下一個戰壕，並盡可能全身而退。就像這一次，兩天裡緊張氣氛上升，不斷為一些雞毛蒜皮小事爭吵。我丈夫老是高懸免戰牌迴避矛盾，而我窮追不捨糾纏到底，什麼小事都可以讓我們像兩頭暴怒的獅子撲身戰鬥。當我稍微冷靜下來，我盡可能去感知有什麼想從潛意識深處升到表層，什麼是下一個想要療癒的舊傷。於是我明白了幾天前出現的裂痕：那天我們心情很好，而且很久沒有一起跳舞了。但是當我們站在舞池裡，總覺得哪裡不對勁。雖然在跳舞，身體卻只是機械性地擺動，宛如例行公事，沒有情感交流。當我丈夫開始心不在焉地環顧四周，我尋找他的目光，心情緊張起來。好幾支舞都如此，但我們無動於衷。雖然碰觸彼此，卻沒有觸到對方。更糟糕的是我們都沒談這件事。

從這天晚上開始，我們突然開始對彼此發牢騷，逃避對方。經過三天難以忍受的齟齬，兩人終於把話說開來。雙方一步一步說出真實感受，覺得少了什麼。隨著交流深入，導致爭端的原委終於浮上檯面：我們兩人都感到不安，打從那個不快樂的跳舞之夜起就感到被對方拒絕，變得難以親近——但我們自己毫無所覺。

這次的談話如同沾了碘酒的棉花棒擦在流血的傷口上，清理和淨化心靈雖然必要，但也伴隨錐心的痛。只要我說錯一個字，我丈夫立即戒備；只要他防衛退縮，便引來我痛打落水狗。我們置身在過去，用家庭和情緒毒素相互折磨。但是我們已學會了在痛苦中尋找愛，而且很熟練。因此睡前我們做了決定，白天的痛苦與憤怒絕不帶入夜晚，在一天結束前重拾開放、和諧與彼此的連結，只去感覺橫亙在兩人中間的感受並表達出來。唯有如此，才能再度找回我們的愛。

愛之河

我們走進臥室，面對面躺下，看著對方的眼睛，心裡沒有一點抵觸的情緒，而且都明白，坦誠相對是正確的。寂靜來臨，我們努力再一次敞開心扉與對方交談，緩慢地愛撫對方，直到身體又得到平和的活力。一開始我們小心翼翼地摸索，如同穿越布滿地雷的區域。然後事情順其自然發生了，而這必須在彼此信賴下才會發生的：我們開始放鬆，身體重回到充滿和平與力量的河流裡。我從未如此清晰並有意識地感覺到，整個人逐漸被生命喚醒，如此透徹地感受自我，並與某個人分擔我的傷痛。好像我的身體在此之前完全堵塞。我感覺愛又慢慢回來。我的愛不斷湧出，流動全身，目標只有一個——與我丈夫結合。

上面每一個字都是激情的辯護詞，為了展現內心的純潔。這股純潔蟄伏在身體和情慾裡，等待被接納、從羞恥中解脫，並無罪釋放。沒有什麼比肉體之愛遭受到更多侵犯，它被貶為色情，被驅離，在過度放縱中被圍獵，遭到批判，被教會認定為恥辱，在無數臥房中枯萎凋零。

世人多少渴望透過肉體之愛讓生活恢復生機並得到滋潤，但很少有人認識性能量的原始祕密，很少有人知道它能把活力、親密連結與和平帶給身體與心靈。大部分人都是在懵懂中闖過青春期，在成長中試圖對自己的身體感到滿意，並試著與它建立聯繫。很多人四處碰壁，內心傷痕累累，或鑽進了性慾的死胡同。只有少數人找到通往完滿性愛大門的鑰匙。

我還記得自己第一次發生性關係時，什麼樣的感覺揪住了我。實際上我很幸運，我的第一個男友是我信賴的人，他情感豐富，體貼入微。儘管如此，第一次之後我卻充滿失望和空虛的感覺：就這樣嗎？這就是大家夢寐以求，下課和午休時關起門來說個不停的事嗎？

探索肉體之愛的祕密

從那時起我便開始尋找。我充滿好奇，不受拘束，敞開心胸接受各種與性有關的體驗。有些很新奇，好像發現了新大陸。性經常能帶來樂趣，激動人心，性狂野、十足神祕，甚至讓人不知饜足。但時間久了總覺得缺少了什麼，很少能感到內心深處真正被觸動，而且這感覺從來不會長久。我的心在渴望，卻越來越感傷。我跟人分手，為了讓自己能睡在另一個人的臂彎中——我依然無法獲知生命最大的祕密。瘋狂的是，雖然我從沒真正見識到，但心中依稀知道這個祕密存在。我只能不停地尋找，百折不撓。

這時我的生活出現了重要的事，不是一見鍾情，甚至再看一眼也跟性無關，但是與過去的經歷截然不同。在突然一瞬間，我覺得飽滿充實，時間和空間似乎都不存在，身心充滿了愛，自由自在，完整無缺。好像所有負擔從我身上滑落，一股魔力滲透全身，引導我向前。那時我無法用言語形容這種源源不絕但不真實的幸福感。我擔心任何一種描述聽起來都像瘋言瘋語，所以也不敢貿然與人分享我的感受。我既想像不到性會跟這種感覺有關，也做不到把兩者連結在一起。

後來我發現，這種感覺只會在我異常放鬆之下才會出現。我十分驚訝並確信，它有幾次恰好在我失控時出現，當我要求超越自我界限，極力想操控的事從我手中滑落時，這種感覺會不期而至。多年後，我讀到一些關於性的觀點，瞭解了箇中原由。那時我已跟丈夫結婚，開始覺得與丈夫的性生活並沒有滿足我內心的渴望。當時我偶然讀到貝瑞．隆恩（Barry Long）的《性愛的神聖形式》（*Making Love: Sexual Love the Divine Way*）。其核心主旨是：「身為女性，當你感覺到男人的性渴望不能滋養你的愛時，一定要拒絕！」

萬物孕育於懷中

作者寫一本關於性的書，難道希望將性徹底驅離床笫嗎？作者是個男性，以下述文字開端：

> 一直得不到滿足是女性最根本的痛苦，起因於男性無法在肉體上觸及女性。她在情感上過分要求、她的抑鬱沮喪、失意受挫……都可以回溯到男性在性愛方面的失敗。男性在性行為中無法激發或釋放女性最精華且深層的能量。這種美麗且神聖的能量濃烈而極致，如果滯留在女性體內，就像上述情況，將變質為心理和情感上的干擾，最終固化成生理上的反常現象。萬物孕育於懷中。

當時這在我眼中，如同極端女性主義者的戰鬥檄文，然而它卻來自一位七十歲男人的筆下，他熱愛女人與性。將愛與性本能區分開來，對男人來說是一個極高的要求：

以這種方式去愛女人的能力，是一種權威，而男性已失去了超越女性之上唯一真實的權威。它要求純粹的愛，它與技術無關。一個男人可以提高他的性技巧，但要想真正去愛，任何專業知識都無濟於事。令人興奮的感受和性高潮使人愉悅，並給予男性某種形式的權威。但這不是愛，不是女性尋求的愛。他或許能滿足她，一如美味佳餚，但她很快又會饑餓，長此以往她會厭惡自己的胃口甚至自己，因為她明白，她並沒有得到愛。

我從來不知道，原來我內在的不安和無止境的尋找是跟性有關。對於我的理智來說，貝瑞．隆恩的觀點相當極端。但我心裡有反應，有一個聲音輕輕說：「是的，沒錯！就是這樣！」我不是女權主義者。我愛男人，也重視他們，常有女性友人指責我太體諒男人。而現在，難道男人的性愛汙染了我們女人嗎？貝瑞・隆恩宣稱，男人把女人變成了復仇女神、蠢貨、情緒的惡魔：

> 只要世界如此繼續，復仇女神就不會讓男人忘記自己未能正確愛女人。女人必須被愛。人類的未來取決於女人被愛。

儘管這些激進看法對男人懷有敵意，當時我想知道：什麼是神聖的肉體之愛？性愛如何能有神聖的形式？於是我讀完了整本書。其論點從頭到尾都很極端，卻是我讀過關於性的文章中最具說服力的。讀到後來就能發現，其論點正是因為激進而顯得充滿善意與愛意，而且對男性和女性一視同仁。

從那時起，我在診所中傾聽過無數男女描述性生活的失望不滿。不久前我在報上讀到一篇採訪，一位色情錄影帶製作人談到該產業的成長與趨勢。對男性顧客來說，最受青睞的是貼近時代精神的影片。「目前的潮流不是去展現女人的情慾，而是她們的厭惡。」製作人在採訪中冷靜地說明。

如今我明白貝瑞・隆恩所說的真正肉體之愛，它是一條出路，能拯救男人與女人脫離厭惡、性上癮、性冷淡與各種痛苦。我知道，這份愛能徹底改變伴侶生活。你必須下定決心，與你原來的伴侶（儘管他不敢承諾有所改善）選擇一種新形式的肉體之愛。開始時只要坦白承認，你渴望的性愛並沒有得到滿足，也不知道該怎麼辦。只要你希望找到改善之道，打算讓伴侶明白你的現況，這就足夠了。也許你無助、受傷、氣憤、被拒絕、饑渴、怨恨或感覺麻木，哪怕一點都不符合你所看過、讀過、聽到或是想到任何有關性、愛與伴侶關係的理想標準，都不用在意。

高潮以外的滿足

為了確實改善性生活、伴侶關係以及你自己的存在，極端的翻轉是必要的。與其總是試圖達到性高潮，專注而執著地渴望獲得它，不如讓自己放鬆地漸入佳境，去運用那股常被掩埋但仍然存在的自然性能量。別再給自己施壓，一定得做什麼或成為什麼，反而應該在精神上徹底放下，從各種性愛的幻想、觀念和理想中解放自己。男人和女人一樣，應該練習不帶任何想法、目標、情緒以及幻想去愛對方。這可能會讓人感到不習慣，但有助於放棄控制，讓身體和自然天性去決定走向。

也許你沒意識到，性愛中經常涉及控制，尤其是對自我的控制。我們會控制自己，大多是無意識，但是持續不斷，以便符合對自己的要求與期待。我們會控制自己的性行為，玩遊戲、扮演角色、讓自己興奮，只是因為不信任我們的天然本性和自然存在。女人特別需要勇氣去面對自己身體的僵化和情感的饑渴。具體而言，就是要拿出勇氣，別再偽裝高潮，不要因為「愛他」而讓它發生。接受失敗的焦慮、匱乏的感受，以及對於伴侶潛在的憤怒，勇於表達出來。男人需要勇氣去承認，自己雖然經常射精，但很少真正體驗性高潮，並打開自己進入女人身體。如果男人欠缺與身體完整接觸，就應該向自己與伴侶坦承，也許你對女性的身體和情感需求知道的太少，或者你並不想瞭解，以及在你心中有多少障礙與不安全感。

當你赤裸地敞開自己，也許你會有一種感覺，好像你自願把生命中最後一棵小幼苗從貧瘠的土壤中拔了出來，然後不懷好意地踩上兩腳。也許現在，因為你所意識到的一切，以及與伴侶之間開誠布公交談，一切顯得比之前更絕望。也許你覺得，一旦打破例行公事般的生活，或是身體長期以來的沉寂，自己會不知所措，更加沒有安全感。也許你內心充滿羞恥，並且認為：我不行！我寧願分手，也不要與伴侶去做這種事。或者你會想：在我和丈夫（妻子）走過這些年，絕對行不通的！也許你並沒有意識到這些想法和憂慮，你只是感到內心的抗拒。

熱情的魅影

如果你仍然鼓起勇氣嘗試，接下來也許幾個月，甚至好幾年，你和伴侶必須跋山涉水，穿過誤解、冷酷與憤怒的沼澤，錯亂的幻想不時讓人迷失方向。也許你會看到，相愛之初的激情只是自己美好想像的幻影，與你的伴侶無關。你會越來越清楚，你的伴侶其實和你一樣，都是容易受傷、不完美的生物。他之所以拒絕你或一再想些沒意思的新花樣來對待你的身體，只是因為他自己也並不比你更瞭解。

在渴望尋求不平凡的性經驗時，你可能會發現大多時候你與身體是切開的。可能長久以來你對性的強大推動力一無所知；可能你對自己的身體缺乏感性的認識；

也許你日常生活繁忙，什麼都比高潮重要；也許你常想到性，但很少有舒適的感受；也許你是在找某個人，希望他能比你更重視你的身體和心靈。

如果這些你都承認，你就不應該跑開，而是留下來去感受它們，並且盡可能敞開心扉，在與伴侶交談中一再表達出來。如此，你們會成為彼此最好的老師，為雙方創造理想的性經驗。隨著時間，有東西會開始在你們中間滋長，一種嶄新格局的愛與信任，那也許是你生命中前所未有的。完全不同於相愛之初「盲目」的激情，你與伴侶之間終於發展出能承載共同生活的感情，真切深刻的肉體之愛就流淌在其中。

忘掉如何做愛

一切無法刻意為之或強人所難，你只能自然地為愛打開自己。越是明白自己的愛有多重要，你的愛就越能擴展。改變原有習慣需要時間和耐心。以下觀點值得再三強調：我們必須忘記「想要做愛」以及性高潮的公式。為了能在自然滿足的洪流中不斷重新發現自我，我們需要有意識地樂於身體的結合、身體的撫觸以及對身體的瞭解，哪怕一開始會覺得冰冷、沒力和性趣缺缺。

不要再等待來自外星的情人、唯一的愛人、不凡的求愛舉動、神祕的熱情！與你的伴侶做愛，哪怕這件事很難而你寧願逃走。就算你覺得自己像個喪失性徵的中性人，或是貪得無厭的色情狂，也不用灰心喪氣。如果你正受到自我價值低落的折磨，因為長久以來你對伴侶不感「性趣」，或者這一切對你來說太麻煩；如果你一直覺得自己猶如籠中困獸，無法發足狂奔；如果你還來不及感受自己的身體，就又一次被本能驅使，想要趕緊直接來，或受到性幻想控制；如果你一直潛藏欲望與饑渴，從來不敢與伴侶分享你那也許有點反常的幻想；如果是這樣，你該把對於理想性生活的觀念、要求和夢想全部拋到腦後——忘掉那些影片、性感內衣和各種技巧吧！與這些玩意相比，你的伴侶才是真實、有血有肉。請向你的伴侶與你自己同樣真實、有血有肉的身體許下承諾，喚醒心中的愛。

現在就下定決心去關注你的伴侶，當然首先是你自己；再次迎向親密接觸，當然首先是與自己身體親密接觸。

你會訝異，你很少與自己的身體接觸。上一次認真傾聽它的聲音，感覺它並給它愛，也許已經很久了。請伴侶靜靜凝視你。對你來說，剛開始這也許需要付出極大的心力才能克服。也許會不好意思、感到羞恥，或是不可抑制地笑個不停。無論如何請繼續下去，任其自然發展。重要的是：說出此刻你想做什麼，分享身的體感受——包括不好的感受。但不要去談你在想什麼，而是真正說出你的感覺。仔細體會身體所有的細微感受。如果很愉快，就強調，以便對伴侶指引方向，並在他摸索前進時給予肯定。如果感覺不好，也一定要相信自己。面對內心感受並打開自己的身體，不要中斷與伴侶的交流。感覺你的身體並追隨它，體會它的意圖。從容地呼吸，漸漸深呼吸，直到徹底放鬆。

清醒地去感知內在每一個反應：這裡有些緊繃，那裡有點癢，有些部位可能什麼感覺都沒有。保持專注！留意什麼時候你會在這單純感知中摻入評價和判斷：「這裡我覺得這樣，但其實我應該要有另一種感覺……這會兒他是這麼做，但他其實應該要那樣……」無力、傷感或憤怒升起，將你踹離眼前這一刻。或許，你還沒來得及放鬆便興奮不已，陷入「想要」與「繼續要」的慾望中。別讓自己被期待拉著往前衝，單純感受你的興奮，留在這一刻，從下腹打開你自己，然後延展至身體其他部位。感覺你的雙手、雙腳，尤其是胸部。胸部是你心之所在，真正的肉體之愛必然透過心。

真正的肉體之愛必然透過心

只有當女人用心去接觸男人並進入男人的心時，女人的身體才能真正打開。如果她能推進至他的柔軟之處，來到他的存在、他不安的空間，她就感覺自己處於他內心，此時才會產生真正的聯繫。這就是貝瑞・隆恩在他看似反對男性與性的闡述中所談的：真正的肉體之愛必然透過心。因此他才會極端反對固著於性器官與性高潮的男性性愛觀，反對色情行業和性幻想。

男人能將自己愛的能量透過下體注入女人體內，他會得到平靜；真實接納他的女人，敞開心扉並透過她的胸部將能量注入他心田，讓愛的能量再次流入他的性器官。只有當男人與女人心心相印，全身開放，在當下為對方而存在，才能形成一種愛的循環。許多沿著這條路走過來的人，將愛的循環描述為一種全身的性高潮，狀態如同進入無限天地，兩人完全合一。要在這種心靈層面體驗性愛並不需要特別的愛人。一切都圍繞著以下問題：我們是否準備好對伴侶與往日的傷痛敞開自己？我們是否準備好穿越內心所有桎梏，去感覺、接受它們，與伴侶分享，最終療癒它們？

當我和丈夫踏上這條路，經歷了一次非同尋常的體驗，我從中體會到什麼是肉體之愛。我們彼此已非常開放，並有一種非常深刻的聯繫。他懷著強烈的愛意進入我，突然間我的心臟感到一股刺痛。當他在我體內動作時，我的心臟越來越痛。我感到沮喪且驚訝——顯然在我的心臟和下腹之間橫亙著一堵無形的牆，我丈夫無法衝破它。我們彼此相依並交談。我與他分享我的淚，他與我分享他的愛。之後我們結合，並有完全不同的體會，那使我們比以往更親近。

許多女性對我敘述身體的疼痛、恐慌、麻痺與無以名狀的攻擊張力。「我正在廚房準備飯菜，丈夫進來緊緊摟住我的腰。我的身體瞬間緊繃，並且全副武裝。」這個女人的丈夫不是什麼色魔惡棍。當她來找我諮商時，對於自己拒絕丈夫感到十分愧疚。如果事關她們的乳房，有些女人往往難以接受。我常聽到這樣無奈的哀告：「我再也受不了了，他那樣按住我的乳房並使勁揉搓。」

在感受愛撫中再度產生信任並勇敢表達出來，對女性性愛的健康至關重要。心理上的斷裂只需幾秒鐘，因為女人立刻能辨識一次觸摸意味什麼？是「想要的慾望」、好色貪婪，還是溫柔與愛？太少有女人願意對伴侶毫無愛意且貪婪的蠻幹說出自己的憤怒與無力。更常見的是女人出於害怕而封閉了自己，於是她們對自己的身體越來越陌生，以為自己生病了或性冷感。然而大多數男人對於女人的接納和委身如饑似渴，導致男人在情感上營養不良的身體更加貪求。這就是今日兩性的日常。雙方的性器官在帶有目的的性的結合中日漸鈍化、麻木，有時甚至痛苦不堪——也許感覺像死去一樣。疼痛與麻木正是人體組織器官極度緊張的表現。

身體是記憶

我們的身體就是我們的記憶。器官組織有記憶的細胞，儲存我們過去所有的經驗。每個人的性史、愉悅與痛苦都會在身體留下軌跡。如果有意識接觸自己的身體、有意識進行肉體之愛，過去的性經歷就會浮現而被感知，藉此我們有機會療癒它，讓身體從過去的傷痛中解脫。特別是女性的乳房和陰道大多儲存了許多來自過去的痛苦、情緒和緊張。

如果我們真正實踐肉體之愛，更緩慢且更有自覺地愛撫伴侶，性器官就能逐漸康復。不僅肉體上還有情緒上，那些埋藏在過去的痛苦都將重見天日。不要逃避這些痛苦，盡可能滿懷愛意並確實地接納它，與伴侶共同分擔。有時這對男人尤其重要，讓自己的痛苦發出聲音，用言語描述，用呻吟表現，或以發自內在的聲響讓它宣洩出來。任何時候只要察覺到身體的疼痛、麻木和緊繃，就從全新的角度去觀察它：感謝這個感覺，因為它明確告訴你，身體什麼地方需要療癒的撫觸。

一旦你出於自覺意識與伴侶一起用體貼的方式和語言，面對身體的緊繃、麻痺或具體疼痛，你會驚訝地發現，身體或情緒很快能放鬆下來。有時你會突然流淚，也許立刻火冒三丈，或者只想趕快跑開，甚至察覺在某個麻木的位置瞬間升起強烈的慾望，並且變得極為敏感。有時你的身體充滿愛與生命力，以渾然天成的流暢動作與伴侶結合。有時你可能沒由來地開懷大笑，那就笑個痛快，說不定是受到伴侶的感染。在性愛中發揮作用的，也適用於伴侶關係，例如幽默有巨大的療癒力。當阻礙特別嚴重時，恰好就是發揮幽默的最佳時機。許多人受傷的性經驗過於沉重，幽默就是跨越深層傷痛的橋梁，能治癒創傷，挽救生命活力。

想哭就哭，想笑就笑，但要做「那檔事」！即便性生活沉睡已久，或完全淪為例行公事，你仍要與身體接觸。從所有習慣中跳脫出來，去愛你自己。與伴侶一同躺下，什麼也不做，靜靜地等待，感受自己，接納並追隨你的身體。只要有可能，就經常做。你越是為愛盡心盡力，向愛敞開自我，你和伴侶之間的愛就會越多。很少實踐肉體之愛，無論有多少性行為，你和伴侶在生活中將漸行漸遠。經常有充滿愛的肉體結合，就能對伴侶關係發揮療癒作用。你會確知，性和諧正是滿足的愛的重要關鍵。有愛的親密關係往往能深化情感，增進彼此的信任，有助身體的平靜與均衡。

沿著這條路走下去，我們會越來越開朗，有時像被浪尖送上頂峰，整天充滿幸福喜悅。如果身體時常得到愛的滋潤，我們在生活各個領域也都能夠去愛，並接受人事物，一如他們的樣子。由此來看，性便得到完全不同的意義和價值。它失去神話色彩，成為通往愛與親密關係的大門。如此就能大幅緩解對性期待過高而產生的壓力。

盡可能常做愛

千萬別誤會，絕對不是要給你壓力。沒有什麼是你必須做的：無所謂體位或高潮，也沒有刺激的冒險、性愛祕笈或激情。重點是：盡可能做你自己，盡可能與你的伴侶結合，給自己時間去體會親密關係。為此，我們必須擺脫腦袋的束縛，進入身體的當下。在這裡，也許你一時還體會不到高潮，也許你覺得沒興趣、窒礙難行，或者羞恥感像彪形大漢守在誘人夜店的門口。即便這樣，那也無妨！

繼續和伴侶並肩走在這條路上，去愛對方，愛他本來的面目。即便遇到挫折也要堅持。現在你知道，這條路會釋放壓抑的情緒。你們之間可能會爆發。各種情緒如高漲的湖水隨時一瀉千里。那就乘風破浪，別任憑它席捲而去。觀察自己並不斷尋找愛。愛將得到擴展，你們的結合也會日趨穩定。如果能一再超越自我，你將明顯發現，相較於性行為，沐浴愛河是多麼截然不同的感受。如果你繼續留在這條路上，隨著時間你會發現自己多年來渴望的是什麼。沿著這條路，你又有能力去感受真正的親密關係，讓愛苗成長茁壯。你可以再次發掘自己的性能量、生命活力以及內在平和。身體會重新信任你，解開過去的傷痛，在放鬆狀態中全然投入。

我十分確信，肉體之愛源自人類最深層的天性。它自然而然地發自內心，並投向一個我們敞開心扉的對象。我們必須允許自己這麼做，為此需要回到沒有罪惡感的狀態：不管有沒有感覺到什麼，一切都不成問題。我們不必為了返璞歸真回到性而刻意為之，這與體位、能力、行為或頻率都沒關係，也與好色和情慾沒關係——它只關係到愛的身體表達。

我們不斷聽到各種美好的療癒方法，透過身體上的關注與接觸，去幫助意識不清的人。無論是陷入昏迷還是阿茲海默症患者，充滿愛意的撫摸和溫柔對待對他們仍然有效。不久前我讀到關於一間阿茲海默症醫療機構的報導。那裡住著不少病患，大部分是垂老之人——他們將在那裡終了。幾乎所有人都已神智不清，無法認出最親近的家人，對過去也只有零星片段的記憶。機構負責人證實，在這種狀態下，自我約束、社會準則和責任義務都已卸除，人類的天性再度自由：「我們這裡有三分之一的人性慾十分活躍。生活飲食上他們得依賴陌生人幫助，思考也受到相當大的限制，但在這裡他們開始彼此愛慕，互相渴求——甚至表現出不計後果的執著。如果舉辦節日慶祝，女人的眼睛會閃爍發光，好像回到了十八歲，而男人會很溫柔，煥發勃勃生機。」

拉丁美洲著名暢銷書作家保羅．科爾賀（Paulo Coelho）在《愛的十一分鐘》（*Onze Minutos*）裡，試圖追根溯源地探討性的祕密。他提出值得思考的問題：「人如何撫觸心靈？是透過愛還是情慾？」女主人翁妓女瑪莉雅在日記中如此回答：

> 這個畫家想從我這裡得到什麼？我們的出身和教育背景差距如此懸殊，難道他相信我能在性方面教他些什麼嗎？……
>
> 他是個藝術家，他應該知道，人必須在愛的整體中去理解愛。愛不存

在於他人，它存在於我們自身。我們可以喚醒愛，但為了喚醒愛，我們需要另一個人。當我們擁有一個人，並能夠與他分享感受時，宇宙天地才有意義。

性，他體驗夠了嗎？好的，我也是，然而他和我都不知道那是什麼。

第6章 有愛的孩子

有些婚姻破碎，是因為夫妻兩人沒有孩子；有些人勉強維持表面關係，為了孩子而繼續生活在一起。伴侶關係第一次遭遇大裂痕，往往是在第一個孩子出生時。孩子擁有不可思議的力量，他們帶來希望，並成為家庭的一面鏡子。孩子不需要表面上一團和氣，他們只要求真正親近父母。也因此，孩子出現讓父母的缺損浮上檯面，伴侶關係也將改變。孩子要求父母無條件奉獻自己。孩子的行為態度極為準確地顯現出父母的關係，以及父母內心真正相信的是什麼，不管他們嘴巴上怎麼說。

在這裡，我想用統計數字強調一個現象，希望讓社會大眾認知到：在最常見的離婚原因中，第一個孩子出生帶來的變化高居第三位。我會向前來諮商的夫妻提出以下問題：「你們的問題是什麼時候出現的？從什麼時候開始，你們對性生活失去了興趣？你的伴侶什麼時候有了外遇？從什麼時候開始，你們的婚姻變得死氣沉沉，你們的愛陷入困境？」我記不得有多少次看著歉疚哀傷的眼神，聽到相同的回答：「從我們的孩子出生開始！」

我認為，孩子出生帶給家庭何種層面的影響，大多數人並不清楚。不久前，一個剛生了孩子的女性友人打電話給我，她說：「現在一切都跟以前不一樣了。孩子出生前，你絕對無法相信這一切，也不能理解。一個生了孩子的女人與從前不可同日而語了。」我這朋友忍受著膀胱炎的折磨，前一天整夜照顧自己感冒發燒的嬰兒。次日早上，她累得筋疲力盡，並對自己感到驚訝。只要事關她的孩子，她可以無限給予並展現無限潛能，哪怕自己會變得一無所有。

女人懷孕了，卻沒男人的事

女人懷孕後身體大幅變化，從荷爾蒙到皮膚和頭髮，更別說情緒感受像雲霄飛車起伏。一夕之間，準媽媽們陷入健康規則的牢籠：不能抽菸，不能喝酒，不能搬重物，不能這樣，不能那樣。全都圍繞著一個主題：她必須小心翼翼、認真負責地生活，為身體裡的新生命無私奉獻。結果自己越來越臃腫，肚子在自己不情願下越來越大，最極端的情況是僅僅為了孕育孩子而存在。

今天的女人比以往更重視美貌和身材。幾乎每個女人都節食過，越來越多人計畫做整形手術，飲食障礙也大多發於女人身上。一旦女人發現自己懷孕了，所有美容瘦身理想瞬間消失。對她們來說，懷胎十月時戒掉抽菸喝酒的習慣，不再到處跑，甚至接受事業上的停滯，都不是十分困難的事。

當然也事關準爸爸。不過男人原本就鮮少能瞭解女人的內在感受，現在就更別提面對喜怒無常的妻子了。比較有點概念的男人或許聽過「懷孕症狀」，但大多數仍對女人此時的變幻莫測感到陌生，甚至無法容忍。突然間，這些男人就要變成爸爸了。在懷孕的前幾個月，準媽媽外在看不出什麼變化，準爸爸更談不上有什麼感覺。男人的身體一如往常，荷爾蒙也是，雙腿不會突然水腫，看到豬肝香腸時也不會噁心嘔吐。男人只是在某一天被告知，從那一刻起自己要成為父親了。

這種不平等的分工，尤其是身體知覺上的差異，在分娩時達到最大極限：女人體驗到有生以來無法想像的劇烈疼痛，她們的身體在陣痛中被撕裂，而男人像戰地記者站在一邊旁觀。孩子的出生，原本就是人生中不可思議的時刻。對許多婚姻來說，也正是這一刻，一道深刻的裂痕在夫妻之間出現。尤其不利的是，這一刻生死攸關，每個人都處於極端狀態，因此日後很少能認知到彼此之間產生的情感裂痕。

分娩是分手的開端

女人分娩時在生死之間，一切都必須獨自承擔，而男人在這個創造生命的重要時刻無所作為，愛莫能助。這就是人類生活的基本經驗——只有很少數的伴侶能共同經歷他們所夢想的。特別是在生產中，女人經常承受著極大的失望和憤怒，這些情緒大多要很久以後才會浮上意識表層。「我丈夫不過一直跑來跑去而已。」這還只是無傷大雅的描述。有些男人會當場昏倒，在關鍵時刻不知所措，或者把自己藏在錄影機、照相機鏡頭後面；有些男人不斷向醫生或助產士詢問最新進展，但是在漫長的生產過程中因為疲憊而沉沉睡去。還有些男人喝得爛醉如泥，從產房出來直奔情人而去，或者當妻子還在坐月子時就有了外遇。

許多女人在分娩後多少喪失對伴侶的敬意，即便是模範丈夫也難逃厄運，儘管他自始至終都守在產房並一直握著妻子的手，女人仍感到背棄和失落。有些妻子甚至會莫名其妙地怒火中燒，不願被丈夫觸碰，寧願他離開產房。分娩將女人徹底撕裂，讓她直視身體的現實真相，被迫在這一刻徹底去感受自己。身體、情感以及精神方面，所有可能的一切都從最深處升起，此刻女人變得非常敏感，也非常專注於眼前狀況。在這樣一種奉獻的基調中，許多女人對於自己的女性存在——必須接受並迎接生命，在每一次陣痛中任由那股強大力量宰制——很快就感到失落、割裂和憤怒。我們只能打開自己去迎接這股生命的力量，什麼也不能做，既不能去指定、改變或理解它，只能隨著它而去。

根據我的經驗，男人幾乎不可能在妻子分娩時做到無懈可擊。我的經驗也告訴我，大部分女人無法理解，為什麼大自然讓男人在迎接生命的時刻只能置身事外。女人感覺到的，男人完全感覺不到。他一切如常，只能看到或理性地知道，自己的妻子正在經歷難以想像、痛苦、可怕的事，而他自己無法切身體會——更糟糕的是他什麼都不能做。他只能在一旁感受。

男人習慣採取行動，做出決定，而這一刻他們無能為力、無從分析、無法影響，完全幫不上忙。我曾與許多男性探討過妻子分娩時的經驗，我想盡我所能幫助女性瞭解男性的感受：無助、無力以及被拒於門外。我希望這多少能喚起女性的同理心。女人因疼痛而保持意識，幾乎被迫與自己的身體保持一致——這是大自然巧奪天工的設計。但我向你們發誓，各位女性同胞，如果我們能逃避，能失去知覺，能躲在鏡頭後面，能跟幾個死黨去灌醉自己或乾脆睡著，好讓自己在這一刻不必忍受那巨大的痛楚，我們絕對也會這麼做！

對許多伴侶來說，孩子的誕生也是真愛的誕生，這時不再是美女會英雄，而是與生命的原始自然力相會。神聖的大自然只要求所有參與者一件事：接受當下，全心全意地付出。女人必然會通過完全的奉獻和承受疼痛的經歷，在生命中超越自我；男人會深刻體認到自己行動的局限，在生命誕生之際限縮為陪伴者的角色。在這裡沒有人能得到什麼，也沒有什麼可以欲求，女人的痛楚遭遇男人的無力，並對彼此的特殊狀態深感同情。當兩人被擠壓到存在的牆角時，充分體驗到了自己，接著將有超乎想像的獎勵降臨——在那裡出現了一個人。

新生兒將我們的缺損帶到世上

這個帶給父母巨大幸福的小生命來到世上的第一件事——哭喊。接下來他總是肚子餓。從出生第一刻起，他就有各式各樣的需求，時時刻刻索求身體、情感以及精神上無條件的關注。從沒有人告訴過我們，孩子生氣勃勃、開心快樂、純真坦率的能量，對每對伴侶來說都是最大的挑戰。孩子不會考慮他做的事。嬰兒哭喊時，他會連最小的腳趾和指尖都在哭喊。嬰兒大笑時，整個身體都咯咯大笑。孩子不會偽裝，也不問這樣的行為是否適當。他們就是他們原本的樣子，並且不斷要求他們所需要的。我們能滿足的需要越少，他們的索求就越多。

孩子出生後，我們所有的缺損立即顯露：我們想要給予孩子一切，於是發現自己在某些方面一無所有。從第一天起，孩子就要最直接的聯繫、身體的接觸、關懷愛護以及絕對的關注。如同向日葵追逐太陽一樣，孩子總是追逐著愛。然而當我們自己在生活中缺乏真愛時，也不可能給予他們這份愛。不論我們如何費盡心機給予或補償，愛的流動都會中斷——孩子接二連三來到，父母更加感受到自身的缺損與匱乏。我們內心深處對孩子充滿歉疚，然後打著工作與責任的旗幟更加退縮，或者為孩子安排各種一流的課外活動。孩子對此並不領情，他們寧願接受不完美的現實真相，也不要父母的退縮或為他們策劃的完美世界。

我們都希望給孩子最好的。當生活或伴侶關係並非最佳狀態時，我們往往試圖讓一切更加美好。昨天兩人還在爭吵、喊叫，家中一片愁雲慘霧，然而越是這樣，今天孩子的慶生會就越要盛大和諧。我們好幾天沒時間跟孩子相處，今天就要整個下午跟孩子泡在泳池裡。結果是，當孩子們興高采烈地過生日時，歡樂的喧鬧聲讓我們神經緊繃，毫無興致烤第四個鬆餅；在游泳池裡我們滿腦子想著採買生活用品，打水仗時我們只感到對現實的焦慮。

我們立刻能辨別，自己是否真的與孩子有聯繫。如果我們覺得輕鬆，與孩子的聯繫就是暢通的。我們與孩子一起笑個不停，講的故事連自己也覺得引人入勝，會想跟孩子再玩一次水上溜滑梯。在這種時刻，我們就有某些東西能給孩子。孩子有靈敏的天線，感覺得到父母的行為是否真心。遇到虛假的狀況，他們往往會製造麻煩以吸引父母的注意。他們感覺得到父母的空虛與敷衍，內心產生父母不愛自己、自己沒有價值的感受。

面對孩子，有兩種方式可以避免上述無精打采的情況。一是誠實對待孩子，告訴他：「我沒興趣玩這個遊戲，我只想安靜看看書……」「我今天真的很累，沒力氣烤鬆餅了，你得當助手幫我。」二是有自覺地跟孩子一起活動，對自己誠實，勇於感受你的心不在焉、神經緊繃、疲憊或僵硬。

如果你能放下包袱，不再扮演體貼的模範父母；如果你能以開放的態度，面對自己的弱點，也許就沒有枕頭仗或是呵癢，但你和孩子可能會有觸動彼此的親密感。如果你能有意識地面對內心的不良情緒或空缺，有些事情反而會流暢運轉。這一切，孩子感覺得到。無論如何，只要你堅持保有意願、展現自己軟弱的一面，並對孩子說「我想試試」，就會有意想不到的事情發生。

好心可能辦壞事

一位智者曾說：「好心可能辦壞事。」如果你期望從孩子那裡得到什麼，你就會痛苦地發現，自己為孩子的犧牲奉獻不值得。多年來，你為他們安排了完美的慶生會，而可愛的孩子竟沒一個自願收拾盤子；這些小屁孩不聽大人的話，個性倔強、脾氣壞，而你還是為他們泡了熱可可，跟在他們背後整理，雖然你恨不得將他們統統掃地出門。

你總是在放棄：沒辦法參加派對，忍痛中斷事業，每晚陪孩子上床睡覺，因為不這樣小傢伙就沒法安睡。而你身體不舒服時，沒一個孩子會在你開口要求之前問你的需要。你的生日到了，既沒有蠟燭也沒有小驚喜。你帶孩子去一個重要的場合，小淘氣的行為就像沒人管教的頑童，讓你丟盡了臉。

我知道，真相是苦澀的，這一切都是空心種子的成果。如果你犧牲自己去扮演模範父母，遵循空泛的行為規則，這一切就會發生在你身上。如果你的給予只是因為你相信，父母必須給予孩子，那麼孩子就不會真正接受吸收。只有當父母真誠地面對自己，才能讓孩子有充實而真誠的人生。如果你開始向孩子展露自己的缺點和需求，孩子才會認識真實的你。慢慢的，你將會有能力給予孩子更多的力量和真正的樂趣，而非出於好意去扮演父母的角色。

某部電影中有個場景，一位冷酷強硬的母親對兒子說：「對於你，我感覺就像把手伸進一個裝滿魚鉤的碗中，卻無法拿出任何一個。它們全糾纏在一起，因此我只好罷手。」我相信，對於渴望生命活力的孩子和我們被封鎖的心靈，我們所能做的最美好的事，就是大膽伸手到裝滿魚鉤的碗中摸索。

孩子需要那些讓我們痛苦的事

每個人都有一些自己意識不到的性格特徵和內在力量，在成長過程中因受到某些價值和判斷的影響而被壓抑。人身上深植著一些機制，作用就是將上述力量從我們的思考、情感與行為中徹底隔離。然而，我們的伴侶恰是讓我們想起這一切的人。他們大多會以令人難以置信的準確和堅持，將這些被深埋的性格特徵表現出來，例如他們邋遢、不可靠或刻板固執，讓我們無法忍受。

即便目睹不被自己接受的陰暗面十分痛楚，但我們應該感激它在現實生活中再次顯現。我們之所以在很久以前將屬於自己的這部分拴上沉重的鐵鍊，沉入大海或流放天涯，就是因為它對我們的生命意義深遠。如果我們今天希望擁有真實、平衡、現實可靠的生活，那就必須喚回被驅逐的這部分自我——哪怕我們早已將它投射到另一個人身上，並且深惡痛絕。正是這部分自我，隱藏著我們進一步發展或生活幸福所需的天賦與能力，也為了孩子的發展與幸福，我們需要這些能力。

由於許多父母在爭吵、危機、分居或離婚的階段，經常嚴重糾葛在「有你就沒有我」兩極化的選擇中，因此他們無法發現，孩子為了自身成長所迫切需要的，往往就是自己在伴侶身上難以忍受的。不幸的是，在這個階段的伴侶關係中我們無法看清，伴侶身上的陰影正是被我們驅逐且深惡痛絕的部分自我，因此我們也無從知道，孩子為了認識自己多麼迫切需要這股力量。如果我們富有責任心、遵紀守時，我們的孩子往往急需一點無序與混亂，好讓他們遊玩式的創作力獲得一些空間。

如果長期與伴侶糾纏在「非A即B」、「你死我活」的權力鬥爭中，即便分開之後保持距離，也不可能對孩子有什麼幫助。現在，既然我們再次擁有一個比較有保障的空間，就應該盡可能有自覺、充滿愛意地試著接納那些被我們深惡痛絕的個性，並設法讓它們重新融入生活。如果你覺得伴侶的混亂無序難以忍受，那就讓自己也變得混亂些——不過，你並不需要告訴對方。只有這樣，孩子才能找到平靜，不必經歷分裂。

不在孩子面前談論前夫或前妻，這根本也無所助益。事情的關鍵是氛圍，你沒說出口的話孩子也能感受到。如果你與前夫或前妻發生爭執，內心還在不安地抗爭，你最好坦率地告訴孩子。只有這樣，孩子才能自行在內心尋找和平，而不必被迫徘徊在父母的分裂中，不必讓愛做出選擇。

我不是想要爸爸，我想要愛

娜拉的故事明白告訴我，當父母雙方交戰時，孩子的內心會起什麼變化。娜拉是個二十出頭的年輕人，她找我諮商是因為飲食障礙。自從父母分開後，她的生活就被這個問題困擾。娜拉自己住在一間公寓裡，但她經常到從前和父母一起住的房子探望母親。如果沒人陪她一起去，到達之前她就會吃下所有找得到的東西。她也經常從母親的錢包裡偷拿錢。不管是從以前的家，還是從父親的公寓回來，她都像患了強迫症一般，必須馬上去買一堆吃的讓自己大吃一頓，然後再把它們全部吐出來。

她認為自己的狀態是「在父母之間拉鋸」：當她與其中一方在一起，就不能與另一方在一起，好像突然有什麼東西堵在她身體裡，讓她無法接近另一方。有一次她說：「自從父親搬出去之後，我雖然還能跟母親談話，但那都只是表面而已。母親會主動告訴我，她願意接受父親。事實上不管父親做什麼，她總是沒來由地生氣。最糟糕的是當她想要擁抱我時，我碰到她的感覺就像觸到燒紅的爐板。這讓人感覺極為緊張且空虛，好像快要餓死。和父親在一起時就像被嘔吐物噎住。他雖然比母親放鬆，可是每當我很高興去看他時，他總是在談從前，或者忙著什麼看似很重要的事，整個人根本不在那裡。」

在諮商治療中，娜拉給她母親寫了封信，可惜從沒寄出去：「你不會相信我，但不管你選擇跟爸爸還是別人一起生活，對我來說都無所謂。真的！你以為我只希望你和爸爸破鏡重圓，事實上並非如此。讓我如此病態的是你的虛偽。你從沒說過爸爸什麼，但每次講來講去，結果又是他做錯了什麼。每當你表示事情與爸爸有關時，我都只想躲開，這裡沒有我的空間。漸漸的，對我來說無所謂了。你選擇爸爸還是別人，或者從此一個人，我都不在乎。但我無法再忍受你的憤怒、焦慮和那空虛的擁抱。我要爆炸了！我會吐出來！我根本不想強迫你回到爸爸身邊。整件事情與此無關。我只是再也不想忍受這該死的饑餓還有噁心嘔吐的感覺。」

從娜拉的敘述中可以清楚看到，父母離異形成的不良動力如何影響兒女：對於孩子來說，為了保留另一部分，總是必須犧牲一些什麼，情況經常是「非A即B」。某一個是好的，因為另一個必然是壞的。但事實真相是：沒有黑暗，就不會有光明；沒有白，也就不會有黑——在更多的情況下，是這一個造就了那一個。這一個未必正確，正如另一個未必錯誤。娜拉和其他的孩子還記得愛的力量：愛不要求犧牲，它包容一切，並會滋長、分享與滿溢，它從不排擠什麼。

娜拉深深打動我的心，以她的本質去感覺並描述事物，提醒了我最重要的真相：孩子包容一切，但並不自知。如果他們不得不放棄什麼，內在某一部分就被迫僵化，或者必須奮力抗爭以求存續。娜拉有時會說：「我愛他們兩個人，我不在乎他們是否生活在同個屋簷下。對我來說，我們就是一體。」

在這一點上，她是對的。在深層的精神層面，我們都是一體，彼此緊密相連，無論空間上是否分隔。我們的孩子正是我們彼此相連的體現。在他們身上一起流著我們兩個人的血，兩股力量匯為新的個體。如果我們不能接受對方身上被我們視為的缺點，僵化的不僅是我們自己，阻絕的也不僅是我們的愛，這一切都將發生在我們的孩子身上。

權力鬥爭讓孩子麻木無力

發生關係危機或雙方離異後，你若宣稱：「我從未在孩子面前說過我丈夫的壞話」，或「我從來不曾當著孩子的面跟我太太吵架」，通常你只是自我安慰而已。你可能做得不明顯，也沒對孩子說：「你爸爸是個大傻瓜」或「我再也無法忍受你媽媽的愚蠢了」然而孩子承受的折磨發生在微妙的感覺層面。當父母說：「你們在爸爸那裡是不是又一直看電視？」或「唉，是你媽媽想要這樣的。」這類話的含義都相同：錯誤的是另一方。

正是那些或多或少沒說出口的話，反映出父母之間的權力鬥爭，無論涉及的是生活開銷還是休閒活動的安排，都讓孩子感到沉重。我在許多離異中看到相同的衝突模式：父母中的一方放縱孩子吃麥當勞、看ＤＶＤ和連續劇，而另一方則有完全相反的安排，「你還得練鋼琴！」或「把青菜吃掉！」一人在某方面特別嚴厲、有道德感或責任心，另一人就特別放鬆、好說話或粗枝大葉。離異的狀態越緊張，家庭中「漢堡與胡蘿蔔」的鬥爭就越極端。

一個剛離異的女人認為自己找到了證據，可說明前夫的無能以及分手的正確性：「他一離開，我的孩子立刻變得好多了。」不過她並不知道，當前夫單獨與孩子在一起時，也有同樣的感覺。

婚姻不是解藥，離異本身也不是問題。關鍵是我們對婚姻的看法，以及對離異和往日伴侶的態度。如果我們認為離異會使孩子受到創傷，那他們就會受到創傷。

如果我們與伴侶生活在一起，但總是批評或輕視對方，那就會讓孩子在對於愛的全方位需求中遭到撕裂。如果伴侶之間只要拉開距離就能放鬆，孩子也會因此感到放鬆。對孩子而言，並非狀態本身有問題，例如父母的離異，而是父母面對與處理它的方式造成問題。在所有事實真相中，最核心的真相就是：沒有分離。我們只能從某些事情中得到真正的解脫，因為我們接受了它。

因此，如果你要離開伴侶，最好還是在愛中分手。在離婚過程中，你能夠對孩子做的最好的一件事，就是對於伴侶的不同之處不斷尋找寬恕包容以及真正的理解。如此一來，你和孩子的生活才可能在離異後比較快恢復平靜。你的性格會由此成長，孩子也能在自己身上尋得支持。

孩子能治癒父母

我很確信，所有人都是演化鏈上具有療癒的一環。我們來到這世界，正是為了療癒父母的歷史；我們的孩子來到這世界，也是為了療癒我們的歷史。這就是心靈的演化。隨著時間過去，我在自己的家庭中清楚看到，這一切是如何完美運作。我和丈夫從各自的家庭中，帶來很多固定且迥異的生活態度、習慣與模式，如今許多早已被迫拋到一旁。由於個性因素，我丈夫在很多方面其實並不適合家庭生活，而我也是。我們各不相同，當我們勇敢地捍衛自己的不同，而非任憑家庭需要來支配我們的心靈，充滿信心地走在我們選擇的道路上，就在這些時刻，我們的家庭得到療癒。

家庭中哪裡出現緊張關係，哪裡隱藏著痛苦不安，孩子就會在那裡產生叛逆行為。我猜想，以前我母親對許多事情感到焦慮，曾有數次心跳停止，都與我年輕時的大膽行徑有關。她無數次竭盡全力以威脅和譴責的方式企圖制止我。如今我清楚看到，她找到了平靜，因為我的行為幫她戰勝內心焦慮，也突破了自我限制。她瞭解到，這些焦慮很多是沒來由的，一些她認為不可能的事，其實是有可能的。由於我在成長中超越了她，也沒有受到損傷，她的一部分自我便從舊有桎梏中解脫出來。今天，她為自己的女兒感到驕傲。

家庭中有許許多多約束、焦慮與傷痛，很平常而且微妙，我們幾乎從未意識到。童年時，我們會單純認為生活就是這樣。例如在我娘家，對於貧窮總潛藏著恐懼，因為我父母小時候都經歷過飢餓與貧窮，所以我們家的生活原則就是：節儉，控制家庭開銷，針對未來風險規劃保障。而我丈夫在童年時期受到另一套信仰體系影響：家庭至上，要永遠且不惜任何代價維繫家庭，並對外聲明。剛結婚的頭幾年，這種信仰戰爭籠罩著我們的婚姻。對我丈夫來說，與任何其他人談論我們的問題是無法想像的。如果我這麼做，就是對神聖家庭最嚴重的背叛。相反的，在我眼中他那種輕率、無遠慮、只顧眼前的生活態度，將會拖垮我們。

想必你已看出我想傳達什麼：每個人都迫切需要對方身上與自己不同的特質，儘管那無法想像又難以接受。我再次拿這本書來說明我的觀點。現在我丈夫全力支持我，在這裡長篇大論地描述我們的婚姻和家庭生活，讓世界各地讀者都能看到。而我因撰寫這本書很少到診所工作，但我已學會相信，我們一家未來不會挨餓。

治癒是最好的遺產

我和丈夫共同修復婚姻、獲得療癒，並在情感上緊密聯繫，這都為我們的女兒奠下生命的堅實基礎。就好像一株幼苗能夠成長，是因為生長的環境不斷改善。幼苗日漸茁壯，體驗到外在世界充滿生機。如果父母對於彼此的差異能日益珍惜並融入共同生活中，孩子就會像幼苗一樣茁壯成長，同時體驗到多種可能與相互融合。

我們的女兒在困難條件下來到這世界。她的出生受到許多障礙阻撓。一生下來頭三個月她經常有嚴重的腹絞痛。只有當我們把她放在肩頭上搖晃時，她才能安靜下來，於是整天都得這樣。體貼的朋友有時會過來抱抱她，好讓我們休息片刻。她小時候從來不能自己玩，也不能自己睡，我們的注意力無時無刻都得在她身上。這情況讓人難以忍受，有時我只想逃走。我現在還記得，當我和丈夫第一次出門度假五天時，我清楚知道那幾天我不用換尿布的數量。

現在我已明白，女兒當時以她的本質反映出我們婚姻的緊張關係。如今隨著婚姻狀況改善，我看到的是一個平衡、樂觀、獨立的孩子，孩子也跟著父母一起得到療癒。當父母處於權力鬥爭中，孩子的內在也會發生權力鬥爭；當家庭籠罩著焦慮和緊張氣氛，焦懼和緊張也會彌漫在孩子心中。當婚姻伴侶中有一方強烈拒絕了對方的某些特質，孩子會感覺自己存在的某一部分遭到強烈拒絕，無論這一切是如何隱而不顯。

我們的女兒遺傳了爸爸的面貌輪廓和能力，從我這裡繼承了性格與天賦。在我和丈夫經過多年的共同成長，越來越能接受彼此的差異，相應地，女兒從父母繼承的各種特質與兩極差異也逐漸相互融合。她變得平靜，也很少再陷入父母之間「非A即B」的兩難選擇中。她可以有目標地在我和丈夫之間打開她需要的泉源，例如解數學難題找爸爸，找寫作靈感就問媽媽。在更深的層面她也知道，自己可以追根溯源回到各種不同特質的源頭。之前她對一個朋友說：「跟爸爸可以胡扯閒聊，跟媽媽在一起，我可以和天使說話。」如果她想要漢堡加薯條的話，爸爸當然是首選目標；如果她想連續幾天在朋友家過夜，最好逮到機會與媽媽談。

如此這般的多種可能性，給予孩子個性發展的寬廣空間。但我認為，孩子並不是由此得到真正的支持，而是透過對差異性的接受和肯定。因此我不厭其煩地強調：孩子就是愛，為了他的存在，他想要去愛。在潛意識深處，他只能愛父母所愛的。他的愛不能超過父母的。這就是所有孩子為了與家庭保持一致與緊密聯繫所要付出的代價。

按照我的理解，女兒是一個在我們家誕生的獨立靈魂。我們必須學習不斷去愛並接受世界上的各種事物，否則就無法真正教育她，給予她所需要的一切。她很早就感覺到自己被肯定、珍視，因為我們支持她內在最深層的本質。

但我確信，我們的女兒帶著她美妙的詼諧幽默與充滿能量的天性來到人間，只為了一個目的：她的心靈將經歷各種探索冒險，她也會在生命中療癒許多事物，不僅是我們至今能夠接受的，不僅是我所能夠想像的……

墮胎——悲傷時刻

墮胎是一個比較悲傷的話題。孩子的出生，是對伴侶關係最具革命的考驗，有多少伴侶無法承受考驗而分離。有時候，母親或父親對於孩子帶來的巨大挑戰及能量感到十分恐懼，以至於不願將孩子帶到世上。反對一個孩子出生的理由有很多：伴侶關係脆弱無法承受、孩子可能有生理缺陷、害怕承擔責任、生存壓力、職業前景不佳等不一而足。我聽過各種解釋，對所有的理由感到詫異，並且從中體悟到：無論多麼早就被人工流產的孩子也仍然是一個孩子。我想表明，墮胎不是一個簡單的醫療手術，被處理掉的也不僅僅是一堆細胞而已。在人工流產中死去的是一個人。當一個人死亡，生為人類最基本的，應能與他告別並哀悼。

我所表達的意思不涉及任何宗教教義，也不局限於道德準則。我的觀點來自與無數諮商個案接觸的經驗。過去我一直認為，在緊急狀態下，墮胎是現代醫學提供的一種可能，對人類是有幫助的。當這種手術有必要時，我從沒感到一絲歉意與不適。然而由於避孕器的滑落，我懷孕了，但我自己並不知道，而且我也還不瞭解這個男人。一天夜裡，我獨自躺在床上，忽然產生一種前所未有、緊密連結的感受。我猛然清醒，覺得有一個人就住在我身體裡。當然我也會想：胡扯！但後來我無法入睡，因為這種感覺如此強烈。我一下子想：我懷孕了！一下子又勸慰自己：胡扯！你不是帶著避孕器嗎？而且生理期的日子也還沒到，有什麼好擔心的？

儘管如此，第二天夜裡我幾乎被這種不尋常的感覺淹沒。起床後我去了藥房，檢驗顯示，我懷孕了！我去看婦科醫生，我確實懷孕了！事情到了這一步，我也不得不面臨這個問題：我是不是應該墮胎？從前當女性朋友來問這個問題時，我都會毫不猶豫地回答：是！然而此時此刻，我內在的一切都在大聲疾呼：不！經過半小時的內心掙扎，我清楚知道答案，從髮梢到腳趾，全身每一個細胞都明確表示：我要讓這個孩子來到世上，不論未來會怎樣。

這段經歷，這種明確性，只是我個人的特殊情況，一種無法解釋、心血來潮似的獨特感覺。我並不因此就贊成或反對墮胎。之後的許多年，我在諮商實務中認識到，能讓伴侶關係惡化並導致分裂的重要原因，除了孩子出生之外，還有一個理由僅次於此，那就是墮胎。在諮商過程中，許多女人驚訝地發現，她們與伴侶的交流就是在墮胎造成的陰影中窒息枯竭的。其中有一對夫妻讓我清楚看到，事情如何發生：

丈夫要求妻子做人工流產。在我們的諮商過程中，他始終稱這件事為「墮胎」，而她的妻子一直說著「我們的克拉拉」，並在深深的悲哀中哭泣。雖然事情已過了六年，他們現在也有第二個孩子，但陰影仍未消散。與這對夫妻探討問題時，我前所未有地理解到，在造物的當下一個靈魂便與我們同在，在這個案例中就是「克拉拉」。這對夫妻在墮胎手術後不再談這事件，此後的性生活也逐漸沉寂。透過談話展開的治療過程充滿痛苦，但讓人困惑不解的事也變得清晰：需要一個空間，對這個靈魂表示哀悼和尊重。當母親終於能夠對她未出生的孩子表達哀傷，而父親終於有辦法開口談「我們的孩子」時，夫妻之間再度出現平和，並感覺到彼此的親近。有一天，這位父親終於哭喊：「我的克拉拉。」從此，妻子不再哭泣，家庭重新恢復了平靜。

根據我的經驗，墮胎毫無例外都涉及到對一個來了又去的靈魂的尊重、與它告別並有足夠的哀悼。生活在醫學與科技發達社會中的現代人，未必能理解這個過程及其重要性。根據我接觸到的所有個案，如果認為墮胎手術是在清除一堆死亡細胞，那麼女人身上或伴侶關係中，將會有一部分生命隨之逐漸死去——除非後來能向這個靈魂告別並表示哀悼。不少女人帶著愧疚說，做完流產手術後，她們一直覺得那個孩子似乎仍活著。如果她們還與同一個伴侶生活在一起，常會感到這個孩子就梗在他們之間。

本章結束前，我想再強調一點：我並非出於任何道德、倫理或宗教理由反對墮胎。我相信，在父母生命中的某些情況，墮胎有其不得已的合理性。我只是從工作和個人經歷中體認到，我們必須非常有自覺地進行這一步：與一個人的生命告別，並給予他尊重。

這一章的主題是「有愛的孩子」。按照自然規律，一個孩子來到世界的道路，源自兩個人在某一刻的身體結合。在大部分情況下，如此入神狂喜的結合源自兩個結合的人心心相印。許多人試圖去描述生命的形成是何等美妙與獨特。紀伯倫的文字最能打動我的心：

你們的孩子不是你們的孩子。他們是生命之子，
是生命對自身的渴望。
他們通過你們來到世間，但不是來自你們。
儘管他們和你們在一起，但不屬於你們。

你們可以給予他們愛，卻不該給予他們你們的思想，
因為他們擁有自己的。
你們可以給予他們的身體一個安居之所，但不是他們的靈魂，
因為他們的靈魂居住在未來之所，一個你們無法企及的所在，
甚至在夢中也不可能。
你們可以努力像他們一樣，但萬萬不能期待
他們會同樣對待你們。
否則生命就會倒退並凝固在昨天。

第7章
愛——努力、堅持、紀律、收穫

活力充實的伴侶關係需要我們全力去努力。關係越親密深入越有力，就沒有自欺欺人的空間。它挑戰我們，讓我們認清，人在獨自生活時對自己的判斷與實際自我是不一樣的；它不斷用新事物挑戰我們，剝掉我們的外衣，赤裸裸展現出最深的核心——在那裡我們就是愛。只有當我們真正接受與另一個人的親密關係，才能感受到精神層面最真實的本相。否則，儘管我們沉思冥想、深入鑽研，一切都將枉費心機。我認識許多人，他們確實擁有點亮智慧的理論知識和廣博豐富的藏書，但在我看來，他們之中許多人還是充滿欲望且未被親吻過的處女，不懂愛，不懂生活。

生活能否有活力、充實滿足，都取決於我們能感受到多少內在真相，能在何種程度上把自己看作愛的生物，也取決於我們能否信任自己，迎接挑戰並超越自我，用耐心、毅力、勇氣和紀律，讓生活不再充滿謊言，更取決於我們能否跟著心走，讓自己不設防。其中最重要的是我們能在多大程度上對他人——首先是我們的伴侶——保持寬容，不再評判他跟自己不一樣。如果我們在生活或伴侶關係中感到孤獨、冷漠、空虛，有一個很簡單的方法可以找回溫暖：為愛尋找一個目標。這個目標具體是什麼不重要，重要的是能讓我們的愛、感激、寬恕或關懷投向這目標。

請你再試一次：心裡想一個人，這個人正巧出現在你腦海，向這個人打開你的心。也許你想對他表示感謝，你曾與他度過一段美好時光，讓你擁有回憶；也許你很有勇氣，選擇去諒解一段舊恩怨；也許你大膽對你的伴侶釋出同情，儘管你正與他爭吵，兩人陷入了僵局。閉上你的眼睛，做幾次深呼吸。讓注意力集中在呼吸上，用一聲歎息放鬆自己，或打個哈欠放鬆身體。心中起個念頭，將注意力集中到胸腔，感受胸腔有什麼打開了。當你沉醉在這舒適感覺中，你立刻會感到越來越溫暖，這股溫暖就在你體內。在你內部有東西開始流動，你變得越來越柔軟。你感覺到的就是愛。

時時刻刻有意識去愛

不要再等待或渴望最終會有完美情人出現，讓你覺得愛上他是值得的；不要再憤怒，也不要再想著報復，即便對方不完美或行為讓你失望；也不要再長久地等待，等到一切都如你所願，讓你下定決心說出「我願意」，決定與他一起生活，結婚生子。你要盡可能去尋找你遇見那個人的愛的核心，把你的愛給他。這種愛是上天的禮物，也是一個理性的決定。每一天每一時每一分鐘，你都可以選擇去愛——或讓愛自己進來。當你一旦選擇去愛，堅持和紀律就是必要條件。

大多數人不願接受這一點。我們習慣了快速消費，為滿足需求，我們在網路點餐、使用微波爐，看著一個個超級明星一夜成名。成功就像即溶咖啡，開水一沖就好了！不費吹灰之力。事實是：所有偉大的運動員、藝術家和科學家都需要超凡的天賦，我們每個人也一樣，內心都擁有超凡沒有極限的愛。所有成就偉大事業的人都忠於自己的熱情，堅持自己的夢想，超越極限去磨練和嘗試；他們歷經無數打擊與失敗，為了達成目標什麼都遭遇過。

真相是：沒有毅力和紀律，我們會一事無成。我們可以從小事做起，逐步學會遵守紀律。只要能滿懷毅力與紀律，整個生活就能徹底改變。意思是，時時刻刻有意識去愛。這才是我們真正要打的冠軍賽。時時刻刻有意識去愛，聽起來很難，但人生本來就不是為了輕鬆而存在。我們必須去生活，生命才有價值。從靈魂的角度來看，我們來到世間是為了治癒創傷，為了學習，為了給世界帶來一份貢獻。我們的靈魂不會在意這究竟是否會帶來快樂。它致力的是治癒、個人發展與轉化舊傷痛。

做好你的功課，否則它會來了結你

我從恰克．史匹桑諾那裡也學到一句座右銘：「做好你的功課，否則它會來了結你。」他想說明什麼？如果隨時警惕、堅持、維持紀律，不斷維持發展的意志；如果能對其他人打開自己的心與精神；如果準備好接受引導並承擔一切後果；如果已準備好面對真相，那麼，我們就完成了自己的家庭作業，否則就會遭受命運打擊、跌入生活低谷，還有看起來選錯的伴侶、生病，都像在阻止我們發展。

生活是由無盡的成長機會構成的，這些機會我們稱之為「問題」。這一點也有很多人不願接受。出於對痛苦的恐懼，所有人都會繞道而行，排擠問題，對它視而不見。但就在我們繞道而行時，會一再出現新情況迫使我們去面對，去解決——經歷過這個過程，生活會贏得真實的意義，這就是實際上的進化。只有透過對抗，我們才能成長，因為它激發了我們的力量、潛能和信念。因為它讓我們痛，直到我們反抗（也就是面對問題），審視問題，用所有好奇心、奉獻精神、理解力和我們的愛去克服。直到這一刻，痛才會消失，生活才會變輕鬆，直到下一次疼痛出現，下一個努力、堅持、紀律的週期出現——直至收穫。

不要等待「我們做到了！」這句話。對伴侶關係來說，這是個錯誤開端，就像這個表達：「我得先找到對的人……」建立一個長期穩定的伴侶關係就像雕刻一塊石頭。開始時要用錘子鑿子敲掉粗糙表面，之後用的工具會越來越精緻，雕琢也越來越精密。你伴侶每天做的事都跟你會做的不一樣，因此，你每天都能從伴侶身上學習並學著愛他。當你開始做這個練習，你必須要鑿去一些過於粗糙的表面。也許你的伴侶外遇，或對你的態度冷淡。鑿去這些稜角，在石頭上雕琢出美觀的造型，這一點都不容易。但我知道你做得到。你想要治癒你的伴侶關係，願意為伴侶承擔全部責任，對他說出全部真相，審視自己的冷漠無情，承認自己缺乏互動——你的意志會一再遭遇挑戰

危機是愛的陣痛

最後還有一個問題：這一切努力與付出值得嗎？我的回答很清楚：「值得，值得，值得！」危機是生機的根，危機是愛的陣痛，危機中孕育著機會。渡過危機的人一定會留下痕跡：自信、勇氣、親近、生命活力都在眼前。渡過難關後，我們更瞭解彼此。我們不必再懷疑，我們深知一切掌握在自己手中。當我們駛過婚姻所有激流險灘，戰勝了考驗與風暴，兩個人會共同成長，關係也會更親密。有過這種經驗的人很容易辨識，他們身上有明朗祥和的光。他們知道生命充滿成長的機遇，從容地迎接挑戰就是了。他們從前也曾將機會視為難題，也曾想一走了之，此刻他

們只會會心一笑。

伴侶關係最大的挑戰是這些問題：如何能獲得自由與愛情，又能感受到深刻與快活？如何接受並尊重其他人的不同，又能聯繫情感，甚至更深刻？不久前我與一對夫婦談話。他們提出許多這類問題，希望能找到改善關係的下一步。這對夫妻在談話中才發現，他們深深覺得一個人絕不可以完全介入另一個人，絕不可以把整個愛給他，因為這個人有一天會死去。我對這個想法也感到詫異，以致於有個想法從腦海中自動冒出來：如果有一天我丈夫死了，我的生活還能充實圓滿嗎？

每個人對愛的恐懼超過了一切。我們寧願像行屍走肉也不想要悲傷，不想冒風險，不想真實地活著、愛著。我相信，到這一天我們會來到交叉路口。舊體系不能運作了，而我們對生活要求更高、更快、更遠、更多。這個系統的基礎就是恐懼。害怕自己做得不夠，擁有的不夠。我們把伴侶關係看作一種看不見的競爭。我得到足夠的注意與關照了嗎？別人得到的是不是比我多？我投入太多，是否會失去更多？推動我們行為的原動力就是深深的無價值感、欠缺、害怕失去，我們不斷得到暗示：我們現在這樣是不夠的。我們必須努力去實現，去獲得，然後獲得更多，追求更多，然後必須更努力。

可以得到的，我們都得到了。每一天得到的速度越來越快，實現的越來越多。我們卻覺得不充實。越來越多的人覺得兩腳像踏入泥沼，想要拔出來，卻讓自己陷更深。把勝利和成就混淆在一起，致使西方社會體系走入了進退兩難：我們從童年起就學會爭取勝利——現在帶著一堆勝利獎盃，到哪裡都被堵塞住。為我們的勝利歡呼的人越來越少，因為每一次勝利都會產生失敗者。當我們把世界看成一個相關聯的系統時，勝利者與失敗者遊戲就會驅使我們走向末路。社會體制、企業、家庭、伴侶關係、個性，都會僵化枯萎。

勝利只會伴隨失敗

因此我把這時代全世界的危機視為進化的最大機會。我們必須認清，所有人都在關係裡，而且與所有人所有事息息相關。世上沒有獨自存在的勝利，勝利只能建立在他人的失敗上。因此我們必須學會獲得成就感。獲得成就感並不意味著戰勝他人，成為勝利的佼佼者，而是意味著按照現狀過最好的生活；獲得成就感也意味著雙贏，對我而言最好，對他人而言也好；還意味著大家一起合作，都能學習伴侶關係的新形態；意味著所有人能在內心發現自己的母性：給予和養育；意味著生活將成為所有人的成功催化劑。如果世界和他人生活由於我們存在而更美好，我們自然會感到成就與充實。

當我們致力於個人的發展與完善，真實的成就就會出現。為此既不必去修道院隱居，也不需要做治療。我們只需立足於此刻所在地點，觀察自己的環境——看看我們的家庭、工作場所、朋友。如果在生活中受到威脅、缺乏安全感、沒有活力、麻木不仁或孤獨寂寞，我們就該停止去尋找一個該為此負責的人，而且更應該提出一個核心問題：我可以給什麼？我還有什麼沒有給的？我在哪裡出於錯誤的責任感而付出？在哪裡出於禮貌，出於害怕被拒絕而付出？在哪裡是為了得到認可而付出？所有這些給予和付出會挖空我們，讓我們越來越感覺到自己從來沒從別人那裡得到足夠的回報。當我們能接受別人最好的給予，我們才能真正給予。為了能真正給予，我們必須先珍惜自己。

我確信大部分人都害怕展現自己的重要。我們把自己縮小到最小單位，只為了遵守規範，獲得從屬感。為此我們不讓自己遭人詬病，不傷害人，跟著別人唱和，因為我們想要得到他們的肯定與關注。或者我們自以為是，宣稱自己是革命者：我們主持論壇爭論天下事，談伊拉克戰爭，談支持或反對合併，談國家社會保險與狂牛症；決定是否關閉國外子公司；無法忍受熟識的人心胸狹小，決定不邀請他來參加下一次晚餐聚會，路上遇見時卻又表現得熱情洋溢。與外人爭執並不能滿足我們的內心索求。

是的，我願意！

當你展現自己，坦承你的需求，活在你真正的生活目標裡，真實的成就就會湧入。長久以來，你心中很迫切要說些什麼，夢想有一份新工作或激起你熱情的專案？但你還在打安全牌，放不下舊習慣？你沒勇氣擺脫早已沒了意義的義務和毫無樂趣的例行公事？你還把自己藏在懷疑後面，藏在庸俗、傳統與舒適的環境裡？你說：「我必須……我也許應該……只要我能……就可以……」其實只要你真誠地觀察，一切都會改變，只要你表現並說出自己的真實感受，只要你學會不再壓抑自己的痛，而是接受它，只要你諒解自己和他人犯的錯，只要你不再輕易下斷言，做價值評判，只要你決心脫離那安全但早已沒有活力的例行公事，只要你願意承擔風險，只要你信任自己的判斷與引導，只要你決定為他人或某些事承擔責任——你最終會發現自己的天賦，未曾使用過的力量、創造力與生活意義。所有你此生擁有的才能和靈魂使命都將發揮出來。彷彿你在過去經歷過的所有阻力、封鎖、傷痛、絕望及障礙都聚集在一起，並且有了意義。突然間，你的生命變得不同了。

我們都必須找到意義和任務，讓生命變得充實幸福。然後能幫助他人，讓他們也充實幸福。大家同心協力才能拯救這個世界。當你向前邁出第一步，治癒你的生活，就能影響身邊的人也跟著邁步向前。個人越往前邁進，周圍的人也就能過更好的生活。你活得越快樂、越成功、越有活力，就越有能力幫助其他人。所有與你接觸的人都會有意無意地感受到你煥發的力量。

親密關係是個人發展的推進器。在這裡，我們可以更精確、快速瞭解自己。現實與理想之間的差距都會展現在我們與另一個人的關係上。關係越近，就越有機會認識自己。平日不肯正視、竭力掩飾的問題，都將看得更清楚。我們有時會因此而感到不適——親密關係是改善生活的王道。每一個課程都在挑戰我們，要我們向前。如果我們能學習這些課程並且畢了業，我們彼此就會更接近，更有自信。

如果能對一個人承擔起責任，你就向前邁了一大步。如果你能對一個人說：我願與你分享我的道路，無論晴雨；我信任你，即便我們遭受了考驗。你是我的鏡子：你康復，你幸福，你充實完滿，我也看到了自己的康復和治癒的力量。但往前邁出的最大一步，你為這個世界帶來的最好禮物，是愛你自己。

不久前有個剛經歷婚姻危機的朋友告訴我，他認識了一位非常出色且引人注目的女性。他們在一個小圈圈裡沒有禁忌地暢談外遇。大家很坦然地招供，並得到一個悲哀的結論：幾乎每個長期關係裡都有外遇。最後這位出色的女士出人意料地扭轉了話題：「我從未有過外遇，所以我無權發表意見。我已結婚十三年，我想我有其他的優先權。」這個探索真相的小團體突然停止討論，內心被搞迷糊了。她是自欺欺人，還是將自己鎖在現代生活的真實狀況外？但這位女士解釋，婚前她過得很瘋狂，有時甚至同時與三個男性保持性關係。之後她結識了她的丈夫，有一天她下定決心要和這個男人共度一生。她與他一同站在聖壇前，向對方說出：「是的，我願意！」直到今天，她仍然視這句話為自己的生活使命：「是！我決定與你在一起。是的，我願意！我願意學習去愛你！」這就是她對婚姻的責任。

後記
一個人讀可以，兩人一起讀更好

我們之中只有極少數人在生活中學到了信念、愛、寬恕以及治癒的能力。我寫這本書的目的，就是想藉助我的個人經歷來傳播知識與希望，我想告訴大家，沿著這條愛與信仰鋪就的道路前進，就可能會出現真實的奇蹟。但我也知道，讀一遍只能給你一些觸動。為了確實讓你在生活中發現真愛與充實的愛，你要耐心堅定，不屈不撓。因此我希望你能讀過一遍又一遍。你有時會一再覺得眼前沒了希望；有時向後退；有時懷起滿腔憤怒與仇恨；有時又確確實實認為一切都是你伴侶的問題；有時你只寄望分手。

鑒於這種情況，只讀一遍是不夠的。你要盡可能重複閱讀那些對你來說重要的章節。你會不斷想起，一切都不是絕對的，在另一個人身上也有愛，堅持下去有其意義。每次重新讀（重要的是要有一段間隔時間），你會獲得新觀點。如果有一種觀點深深觸動你，就應該說出來與伴侶一起討論——重要的是告訴他你的感覺，告訴他閱讀所激發的感想。把你覺得重要的章節讀給他聽，請他也來讀一讀（至少讓他讀讀你覺得重要的部分）。

但你不要感到抱歉：為了改善伴侶關係，一開始時兩人中有一個人決定堅持前行，這樣就夠了。這個人將發揮出極大的力量和新的愛，讓另一個人也能抵達更深的層面，讓內心改變。因此要小心！我認識一些人，他們在這條路上迷失了方向，突然處於眾人皆醉我獨醒的境地。每一次淨化也都潛藏了危險，尤其對女性，女人對丈夫的要求會不斷增加，期待他們能成為模範老公：「我已走了那麼遠，我丈夫卻不跟上來。他不明白這到底是怎麼回事。他還是不斷出言不遜，一直渴望得到認可，對人大加評判。我怎麼還能跟這樣的人在一起，怎麼改善我們的婚姻？」

這樣的想法會讓我們在退路中跌入想從前門避開的陷阱。每一次當個人發展往前邁進一步時，我們得不到任何獎牌，卻會給自己更高的要求，在新層面上給予他人同情與寬恕。我們現在或許更有勇氣面對自己，可能剛走完一段痛苦歷程，更接近了自己。也許我們的伴侶和周遭的人一樣，還沒有走得這麼遠；也許他們都還藏在自己的角色裡；也許他們都還一如既往地彼此隱瞞，互相譴責。這些都不應該影響我們的安寧與平靜。他們不需要我們提出新的要求或批評指責，而是需要理解和同情。他們需要一個人，幫助他們接受自己。

當然，如果兩個人一同踏上尋找真愛的路，一切會變得更輕鬆。如果你們兩人能一同閱讀這本書最理想。如果伴侶一開始就拒絕，也不要把這當成不再繼續走下去的藉口。請不要忘記，對你來說他是面鏡子。治癒最根本重要的地方在於，你其實跟你的伴侶一樣頑固封閉，你卻在他身上過分清楚看到這一點。也許你勤奮地讀完了這本書，卻沒有力量鍥而不捨地照著實踐，並做出自己的選擇？也許你在潛意識裡根本不想跟伴侶一起讀，只想糾正他的錯誤？無論如何，只要你在更深的層面上堅持前進，你的伴侶會立刻察覺到，自己正被一種新的連結召喚。

最重要的是：不要放棄，不論事情多艱難，也不論你感覺自己多麼無能為力。當你接受本書傳遞的信息，一開始你會覺得事情變得比以前更糟；當心中的愛重新回復自由，我們會完全失去對生活的控制。在這個時候，請你再次拿起這本書，再讀一讀其中章節，你的靈魂會得到安慰。愛必定能在你內心重新運轉。為了實現這一步，我們必須控制自己習慣性的批評與猜疑，必須放下很多東西，比如舊習慣，並不斷練習接受新事物，直到它們被理解消化，在意識層面站住腳跟。在那裡，它們將像新種子紮根，不斷成長，在適當時機開出豔麗花朵。

在這混亂一無所知的時候，重新在內心發現並釋放早被掩埋的愛不是一件容易的事。但如果你能鼓起勇氣真誠面對一切，如果你能發自內心盼望另一條充滿愛與滿足的路，生活一定會引領你走上這條路。請你保持清醒審視一下，你究竟是從哪裡獲得了內心問題的答案。你該信任能幫助你、治療你的答案，不要接受別人認同的答案。當神與我們相遇，祂看起來很少像那個灰鬍子的智者。當愛與我們相遇，也不會帶著天使的翅膀。

在前行的路上，不論能獲得的幫助以何種面貌與姿態出現，我們都必須下定決心接受。最終是我們要求自己與這個世界和平相處，接受它本來的面目。最終重要的也不是找到一個合適的伴侶，而是我們能重新決定自己的生活。除了自己，沒有誰能為我們做到。

致謝

在此要特別感謝《奇蹟課程》這本書。許多年前生活黯淡無望時，我得到了這本書。我翻開來閱讀，不知為何內心深處冒出一種感覺：這本書將給我的生活帶來革命。在閱讀中，我覺得「神」出現的頻率太高了——當時我對這個詞還感到十分困惑。此外，這本幾百頁的書寫得非常複雜，我覺得不堪負荷，因此將這重重的書擱在一旁。

之後幾年中，我已把這個「課程」拋在腦後，但又有一些書落到我手中：瑪麗安娜・威廉森（Marianne Williamson）、蒂派克・喬普拉（Deepak Chopra）、恰克・史匹桑諾（Chuck Spezzano）和艾克哈特・托勒（Eckhart Tolle）的書。我如饑似渴地讀了這些書後，我隱隱發現這些作家或多或少都受到了《奇蹟課程》的影響。

我非常感謝這些作家，他們的熱心譯介讓我和許多人能夠比較理解《奇蹟課程》中的各種觀點，並且發自內心接納了這本書。

這個課程給予的指導在如今已成為我思想和行為的核心。每天我都感覺自己面臨課程所給的挑戰，從它的觀念中成長。為此我十分感激，也希望能用這本書為那些還沒從這課程中畢業的人，奉上我的新一番譯介。

我感謝我丈夫沃富朗，感謝他一直走回這條路，從來沒有放棄，也感謝他對這本書的信任。我要感謝他敏捷的個性、他的信賴，以及他溫暖的愛。他的愛滋養著我們。感謝我的女兒安娜蕾娜，是她在我徬徨猶豫時用極大的力量來到我的生命裡，是她每天向我們展現，父母之愛可以產生多少美、風趣與活力。感謝我的父親，是他給予我探索的靈魂和研究精神。感謝我的母親，是她給了我源源不絕的力量與堅強的鬥志。

感謝我所有的個案。如果沒有他們向我傾吐內心祕密和生活上的問題，我絕不可能寫這本書。

感謝西蒙娜・坎弗爾（Simone Kämpfer），感謝她敏銳的感受力，仔細精準地校對書稿；感謝克利斯提安・普雷茨勞（Christian Pretzlaw）和他的同事的設計創造力；感謝維納・佛格爾（Werner Vogel）深深信任我，正是他給我機會寫這本書；感謝我的出版人葛哈德・里曼（Gerhard Riemann），他沒讓我對他最初的承諾失望；感謝雷納・M・施洛德（Rainer M. Schröder），他總是在我需要他時與我「偶然」相遇；最後我想感謝約翰尼斯・勞（Johannes Rau），早在我寫這本書之前他就一直支持我，讓我鼓起勇氣重新開始並繼續下去。

愛娃—瑪麗亞・楚爾霍斯特
www.liebedichselbst.de
E-mail:info@liebedichselbst.de

推薦閱讀與參考書目

下面這些書對我來說就像導師，有些甚至改變了我的生活。這些書都是這本書的基礎和支柱，我的想法和文字受到它們很大的影響。這些書將我帶入無限可能的宇宙，但我仍在尋找生活的中庸之道。因此，我也要感謝列在最後的社交雜誌，它們不遺餘力地彰顯人的弱點與人性，而且過分世俗。

影響我最深的書籍

★拜倫・凱蒂（Byron Katie）：《一念之轉：四句話改變你的人生》

這本著作如此謙遜、安靜，但也充滿力量，完全無法想像這位女性是怎樣從煉獄中熬過來的。這正是她的著作不斷給予我勇氣和力量的原因，讓我堅持走自己的路。她曾被不良嗜好、依賴、仇恨和懷疑深深折磨，直到她清醒過來，發現自己真實本質中充滿了無條件的愛。《一念之轉》告訴你：你可以！還有一條路可走！

★葛瑞・雷納（Gary Renard）：《告別娑婆》

《奇蹟課程》對我來說談的是寬恕。沒有別的書能如此質疑我的整個思考體系，動搖我的世界觀，也給我最大的機會治癒創傷。卻也沒有一本書像它讀起來那樣費力。坦白說，我經常拿起它，隨後又將它束之高閣。當時我希望會出現一本書，能幫助我閱讀如此深奧的著作。這本書要能轉換原始文本但同樣深刻——而且簡潔易讀。

終於我盼到了這本書，就是葛瑞・雷納的《告別娑婆》。閱讀這五百頁的書雖然不輕鬆，但書裡寫了作者與兩位高靈接觸九年的經歷，用幽默與輕鬆的方式軟化我們整個自我。這本書非常罕見，它在你閱讀過程中就會改變你。它能讓你體會，世上只有一種治療的力量，那就是寬恕。但不是傳統意義上的寬恕。在這裡我們會看到分手只是表象，真相是不肯寬恕。在我們不能實現的想法與評判後面只有一個真相：與一切相連的愛。

★恰克・史匹桑諾（Chuck Spezzano）：《會痛的不是愛！》

我第一次參加恰克・史匹桑諾的課程聽了他的演講，讓我的生活起了翻天覆地的改變。他打開了我內心一塊未開墾的處女地。今天，在多年後，我在自己書中多次引用他的文字。他向我指出，還有另一條道路可走，不必在外面尋找理想伴侶。這條路就是回到自我。這是一條治癒心的道路。每一次只要治癒了自己，也能由此治癒我們的伴侶關係。

《會痛的不是愛！》在三百六十六個小章節中談論伴侶關係的重要規律。我大力推薦這本書，不僅因為它充滿智慧貼近生活，也因為它是日常生活中極好的工具。當你的伴侶關係或你的心走入死胡同時，這本書會是你的生活百科。

★艾克哈特・托勒（Eckhart Tolle）：《當下的力量》

當我拿到《當下的力量》並閱讀了幾行，立刻獲得一種洞察，我們稱之為覺醒。此後我每天都會讀幾行那看起來簡單卻具有革命信息的文字。每一次都會讓我想到自己的存在。當我迷失在忙碌不堪的日子裡，只要閱讀此書，很快就會明白我與大部分人究竟是在為了什麼而活。書中的基礎知識和具體指示可以將人引導到當下的力量裡，把我們從潛意識的模式中釋放出來。

★艾克哈特．托勒：《一個新世界：喚醒內在的力量》

這本書也十分值得大力推薦，因為它比起托勒過去的書又更往前進了一步。它引導我們從微觀宇宙進入宏觀宇宙，我們可以更清楚看到，所有人都是整體的一部分。我們內在所做的改變都將改變世界。但更吸引人的不是主題，而是它的效應。我再次經歷到「當下的效應」。不光只是讀而已，你會被書中的話語打動。在閱讀時，你會清楚感知到自己內部的轉變。

★尼爾．唐納．沃許（Neale Donald Walsch）：《與神對話》

我應深表感謝的還有尼爾．唐納．沃許。他幫我減輕了許多工作壓力。當我在工作中與他人討論神的問題時，常常感到力不從心。「神」——僅僅這個字就讓不少人皺起了眉頭。然後我發現了《與神對話》，讓我很興奮、快樂，並被它打動——然後將它推薦給一些正在尋找真理的人。讀過此書的人都打開了自己的心扉，並從中獲得生存問題的重要答案。

參考書目

保羅·科爾賀：《愛的十一分鐘》

拜倫·凱蒂（Byron Katie）／邁克爾·卡茨（Michael Katz）：《我需要你的愛嗎？發現愛而不是尋找愛》

理查·萊德（Richard J. Leider）／大衛·A·夏皮羅（David A. Shapiro）：《你的人生有多重？》

貝瑞·隆恩（Barry Long）：《性愛的神聖形式》（無中譯本）

伊娃·皮爾瑞可（Eva Pierrakos）：《為愛做好準備》（無中譯本）

戴安娜・理查森（Diana Richardson）：《感官按摩的核心》（無中譯本）

恰克・史匹桑諾／蘭茜・史匹桑諾（Lency Spezzano）：《一定有更好的路》（無中譯本）

我十分感謝時尚雜誌《盛裝》（Gala）和《繽紛》（Bunte），它們讓我一窺富裕名流的世界，讓我能追蹤書中列舉的名流生活，深入閃耀光環下的現代童話與悲劇。名流的世界比普通中產階級的日常生活更能顯露出人類的渴望與墮落。

國家圖書館出版品預行編目資料

愛自己，和誰結婚都一樣 / 愛娃 - 瑪麗亞 . 楚爾霍斯特 (Eva-Maria Zurhorst) 著；
許潔譯 . -- 初版 . -- 臺北市：商周出版：家庭傳媒城邦分公司發行, 2017.07
面；　公分 . -- (Live & learn ; 34)
譯自：Liebe dich selbst und es ist egal, wen du heiratest

ISBN 978-986-477-276-6(平裝)

1. 婚姻 2. 兩性關係

544.3　　　　106010468

愛自己，和誰結婚都一樣

Liebe dich selbst und es ist egal, wen du heiratest

作　　者／愛娃－瑪麗亞．楚爾霍斯特（Eva-Maria Zurhorst）
譯　　者／許潔
責任編輯／余筱嵐、程鳳儀

版　　權／林心紅
行銷業務／王瑜、林秀津
總 編 輯／程鳳儀
總 經 理／彭之琬
發 行 人／何飛鵬
法律顧問／台英國際商務法律事務所 羅明通律師
出　　版／商周出版
台北市 104 民生東路二段 141 號 9 樓
電話：(02) 25007008　傳眞：(02)25007759
E-mail：bwp.service@cite.com.tw
Blog：http://bwp25007008.pixnet.net/blog
發　　行／英屬蓋曼群島商家庭傳媒股份有限公司城邦分公司
台北市中山區民生東路二段 141 號 2 樓
書虫客服服務專線：(02)25007718；(02)25007719
服務時間：週一至週五上午 09:30-12:00；下午 13:30-17:00
24 小時傳眞專線：(02)25001990；(02)25001991
劃撥帳號：19863813；戶名：書虫股份有限公司
讀者服務信箱：service@readingclub.com.tw
城邦讀書花園：www.cite.com.tw
香港發行所／城邦（香港）出版集團有限公司
香港灣仔駱克道 193 號東超商業中心 1 樓
E-mail：hkcite@biznetvigator.com
電話：(852) 25086231 傳眞：(852) 25789337
馬新發行所／城邦（馬新）出版集團【Cite (M) Sdn. Bhd.】
41, Jalan Radin Anum, Bandar Baru Sri Petaling,
57000 Kuala Lumpur, Malaysia.
Tel: (603) 90578822　Fax: (603) 90576622
Email: cite@cite.com.my

封面設計／徐璽
排　　版／極翔企業有限公司
印　　刷／韋懋實業有限公司
經 銷 商／聯合發行股份有限公司
電話：(02) 2917-8022　Fax: (02) 2911-0053
地址：新北市 231 新店區寶橋路 235 巷 6 弄 6 號 2 樓

■ 2017 年 7 月 11 日初版
■ 2019 年 12 月 17 日初版 4.4 刷
定價 380 元

Printed in Taiwan

城邦讀書花園
www.cite.com.tw

　ISBN 978-986-477-276-6

商周出版

廣	告	回	函
北區郵政管理登記證			
北臺字第000791號			
郵資已付，免貼郵票			

104　台北市民生東路二段141號2樓

英屬蓋曼群島商家庭傳媒股份有限公司城邦分公司　收

請沿虛線對摺，謝謝！

商周出版

書號：BH6034　　書名：愛自己，和誰結婚都一樣　編碼：

請於此處用膠水黏貼

商周出版

讀者回函卡

感謝您購買我們出版的書籍！請費心填寫此回函卡，我們將不定期寄上城邦集團最新的出版訊息。

不定期好禮相贈！
立即加入：商周出版 Facebook 粉絲團

姓名：＿＿＿＿＿＿＿＿＿＿＿＿＿＿＿＿ 性別：☐男 ☐女

生日：西元＿＿＿＿＿＿年＿＿＿＿＿＿月＿＿＿＿＿＿日

地址：＿＿＿＿＿＿＿＿＿＿＿＿＿＿＿＿＿＿＿＿

聯絡電話：＿＿＿＿＿＿＿＿＿＿ 傳真：＿＿＿＿＿＿＿＿＿＿

E-mail ：

學歷：☐ 1. 小學 ☐ 2. 國中 ☐ 3. 高中 ☐ 4. 大學 ☐ 5. 研究所以上

職業：☐ 1. 學生 ☐ 2. 軍公教 ☐ 3. 服務 ☐ 4. 金融 ☐ 5. 製造 ☐ 6. 資訊

☐ 7. 傳播 ☐ 8. 自由業 ☐ 9. 農漁牧 ☐ 10. 家管 ☐ 11. 退休

☐ 12. 其他＿＿＿＿＿＿＿＿＿＿＿＿＿＿＿＿

您從何種方式得知本書消息？

☐ 1. 書店 ☐ 2. 網路 ☐ 3. 報紙 ☐ 4. 雜誌 ☐ 5. 廣播 ☐ 6. 電視

☐ 7. 親友推薦 ☐ 8. 其他＿＿＿＿＿＿＿＿＿＿＿＿

您通常以何種方式購書？

☐ 1. 書店 ☐ 2. 網路 ☐ 3. 傳真訂購 ☐ 4. 郵局劃撥 ☐ 5. 其他＿＿＿＿

您喜歡閱讀那些類別的書籍？

☐ 1. 財經商業 ☐ 2. 自然科學 ☐ 3. 歷史 ☐ 4. 法律 ☐ 5. 文學

☐ 6. 休閒旅遊 ☐ 7. 小說 ☐ 8. 人物傳記 ☐ 9. 生活、勵志 ☐ 10. 其他

對我們的建議：＿＿＿＿＿＿＿＿＿＿＿＿＿＿＿＿＿＿＿＿

＿＿＿＿＿＿＿＿＿＿＿＿＿＿＿＿＿＿＿＿

＿＿＿＿＿＿＿＿＿＿＿＿＿＿＿＿＿＿＿＿

請於此處用膠水黏貼